KOMPASS Wanderbuch

KARWENDEL ROFAN

Heinz Fleischmann GmbH u. Co. · Geographischer Verlag
Innsbruck · München · Bozen/Bolzano

1987
2. Auflage

Texte und Touren-Tips (Rofan): Dr. R. Röder
Texte und Touren-Tips (Karwendel,Schwaz): Dr. H. Teutsch
Redaktion: Dr. Helmut Teutsch

Wir danken den Fremdenverkehrsverbänden Achenkirch, Brandenberg, Hall i.T., Innsbruck, Kramsach, Maurach-Eben, Mittenwald, Reith b. Seefeld, Scharnitz, Schwaz, Steinberg/Rofan und Vomp für die freundliche Unterstützung bei der Beschaffung von Unterlagen.
ISBN 3-87051-313-6

Bilder auf dem Einband:
Am Hafelekar, Blick zu den Grubreisentürmen (FVV Innsbruck, Foto Sochor)
Schafe am Langen Sattel (Foto Hagner)
Ungarischer Enzian (Foto Hagner)

Titel der ganzseitigen Bilder:
S. 16/17 Morgenstimmung in Hinterriß – Karwendel (Dr. Teutsch)
S. 63 Hochiß, Blick gegen das Karwendel (Dr. Teutsch)
S. 101 Blick von Weng auf Stans und Jenbach (Dr. Teutsch)

Bildnachweis: FVV Brandenberg S. 99; FVV Maurach S. 81; FVV Scharnitz S. 47, S. 59; FVV Steinberg S. 77; Foto Hagner S. 12, S. 31; Dr. Teutsch S. 22, S. 39, S. 75, S. 87; S. 91, S. 108, S. 111, S. 116, S. 119; Dr. Wagner S. 43, S. 55.

Vorwort

Zwei in ihrer Eigenart besonders attraktive Gebirgsgruppen bilden das Thema eines neuen Wanderbuches. Das Karwendelgebirge bezaubert noch immer jeden, von wo aus er sich ihm auch nähern mag – aus dem Inntal, von Seefeld, vom Sylvensteinsee, vom Achensee oder sonstwo – durch seine imposanten, massiven Felsbergketten, seine pittoresken Gipfelformen, seine berühmten Hochtäler, seine höchste Schwierigkeiten versprechenden Felswände, aber auch seine aussichtsreichen und genußvollen Höhenwege – und östlich von diesen Gipfeln die kleinere Gruppe des Rofangebirges, nach Norden mit Wänden abstürzend, die ihr den Namen »Nordtiroler Rosengarten« eingetragen haben, nach Süden eine Art Hochfläche, aus der nach allen Seiten Felsgipfel, bis ins Inntal, vorspringen, ein kleines Berggebiet mit den schwierigsten Kletterführen, erholsamen Tal- und Bergwanderungen – und zwischen beiden Tirols schönster und größter See, der Achensee, mit seinen einladenden Bädern, seinen Wassersportmöglichkeiten, seiner altbekannten Schiffahrt und auch mit der historischen Zahnradbahn von Jenbach herauf.

Überall, im Karwendel- und Rofangebirge wie auch am Achensee, wetteifern gepflegte Erholungsdörfer und Kurorte um die Gunst der Gäste, die alljährlich diese Gebiete in unzähligen Tausenden besuchen – und überall bieten sie dem Gast ein dichtes Netz von Spaziergängen und Wanderungen, Hochsteigen und Gipfelwegen an. An diese Gäste wendet sich der neue Titel in der Reihe der Wanderbücher, denn extreme Alpinisten haben ihre eigene Literatur, und an echten »Nur-Wanderbüchern«, die ein kleineres Gebiet in vielen Variationen behandeln und die man noch dazu bequem in die Tasche schieben kann, besteht doch ein fühlbarer Mangel. Für den Wanderer – den, der es gemütlich liebt, wie auch für jenen, der in luftigen Höhenlagen bergsteigen und die Naturschönheiten genießen will – hält der Band alles bereit – gelungene und aufschlußreiche Tafeln mit charakteristischen Aufnahmen, viele willkommene Kartenskizzen, natürlich mit Einzeichnungen der jeweils beschriebenen Wege, und Höhenprofile, dazu noch zusätzliche Informationen über Orte und Wege, Land und Leute fügen sich harmonisch zusammen, und es steht außer Zweifel, daß auch dieses Wanderbuch für Karwendel- und Rofangebirge in Kürze sich viele Freunde erwerben wird.

Dr. Rudolf Röder
Bibliotheksdirektor a. D.
Ehrenbürger der Gemeinde
Steinberg am Rofan

Inhaltsverzeichnis

Karwendel

Karwendel – Rofan

Nachforschungen des Innsbrucker Prof. Dr. Walde zufolge ist der Name »Karwendel« auf diese Bezeichnung durch den Volksstamm der Veneter zurückzuführen. Ebenso wie der Begriff »Karwendel« wird auch »Karawanken« vom altvenetischen Wort »karwant«, das soviel wie felsig, steinig, bedeutet, abgeleitet. Auf diesem altvenetischen Wurzelwort beruht der heute noch im Italienischen gebräuchliche Ausdruck »scaranto« (nackter Fels). Auch die Namen »Scharnitz« (von Scarantia) oder »Kärnten« (Carantia und Charintia) sind demnach venetischen Ursprungs.

Das **Karwendelgebirge,** zum Typus der Kettengebirge gehörig, zählt zu den Nördlichen Kalkalpen. Schon aufgrund der Durchschnittshöhe seiner Gipfel, aber auch durch seine beachtliche Ausdehnung (920 Quadratkilometer) stellt es ein wichtiges Glied der Kalkalpen dar. Diese Bedeutung kommt dem Karwendelgebirge auch in Wanderkreisen zu, denn wegen seiner unbeschreiblichen Unberührtheit und der reichen Talgliederung bietet es zahllose Tourenmöglichkeiten. Zudem birgt das Karwendel landschaftliche Kleinode, wie den Kleinen und Großen Ahornboden, die Lalidererwände, das Vomper Loch u.a.m., die sich in ihrer Art wohl mit den bekanntesten Gegenden der Dolomiten vergleichen lassen. Allerdings sind die Karwendeltäler noch von stiller Einsamkeit und erhabener Größe erfüllt, die diesem großartigen Gebirge nur zum Vorteil gereichen. – Ungebrochene Wandfluchten lenken die Aufmerksamkeit des Kletterers auf sich und fesseln den Wanderer, der stundenlang auf Steigen und Pfaden von Hütte zu Hütte zieht. Neben der ausgedehnten Wandbildung am Nordabfall der Kämme prägen die markant entwickelten Kare, vornehmlich am weniger schroffen Südabfall der einzelnen Gebirgsketten ausgebildet, die Eigenart des Karwendels. Steile Kalkwände umgeben die weite Karmulde, in deren Grund weite Schuttreisen hinabziehen, wo sich bis in den Spätsommer Firnreste halten, während die erhöhte Karschwelle von dürftiger Grasnarbe bedeckt ist. In hohen, felsigen, oft ungangbaren Steilstufen bricht der Karausgang gegen das tiefer liegende Haupttal ab. Hoch über den Karen und Wänden reihen sich Gipfel an Gipfel, miteinander durch kleinsplittrige Felsgrate verbunden, aus denen Türme und Nadeln gegen den Himmel streben.

Die Gliederung des Karwendelgebirges ist durch drei von Westen nach Osten in das Gebirge eingeschnittene Talfurchen vorgegeben, die es in vier mächtige, fast parallel laufende Ketten teilt. Als südlichste erhebt sich unmittelbar über dem Inntal die Nordkette, an die sich im Westen die Seefelder Gruppe anschließt. Nördlich von dieser befindet sich die Gleirsch-Halltalkette. Die dritte fußt in ihrem westlichen Teil südlich im Hinterautal, im östlichen im Vomper Loch, weswegen man sie Hinterautal-Vomperkette nennt. Sowohl an Höhe wie auch an Längserstreckung ist diese die am gewaltigsten ausgebildete der vier Ketten. Dort sind auch die höchsten Erhebungen des Karwendels zu finden: die Birkkar-

spitze, 2.749 m, die Ödkarspitzen, 2.711 m, 2.743 m, 2.739 m, und die Kaltwasserkarspitze, 2.733 m; während die Halltalkette im Großen Bettelwurf, 2.725 m, und die Inntalkette im Kleinen Solstein, 2.633 m, ihre größten Gipfelhöhen erreichen. Die vierte Kette begleitet nordwärts das Karwendeltal in einem nach Süden offenen Bogen und wird als Nördliche Karwendelkette bezeichnet. An diese schließen im Osten vier in Nord-Süd-Richtung verlaufende isoliert dastehende Zeigkämme an: der Falkenast, zwischen Johannes- und Laliderer Tal (Laliderer Falk, 2.428 m), der Gamsjochast zwischen Laliderer- und Engtal (Gamsjoch, 2.452 m), der Sonnjochast zwischen Engtal und Falzturntal (Sonnjoch, 2.458 m) und der Rauher-Knöll-Ast zwischen Falzturntal und Stallental (Rauher Knöll, 2.277 m). Ganz im Norden befinden sich die Soierngruppe (Soiernspitze, 2.259 m) und das Karwendel-Vorgebirge (Schafreiter, 2.100 m).
Die Einsamkeit des Karwendelgebirges wird dadurch unterstrichen, daß in dieser Gruppe mit Ausnahme der Hinterriß sich keine ganzjährig bewohnte menschliche Siedlung befindet; weder Straßenzüge noch technische Bauten stören die Urlandschaft. Nur schmale, dem Gebirgscharakter angepaßte Ziehwege, Wanderpfade und Steige durchziehen die einzelnen Täler und Jochübergänge. Die einzige Zufahrt (nur im Sommerhalbjahr) erschließt vom Norden über Hinterriß die Eng und den Großen Ahornboden (Mautstraße).

Der **Achensee,** Tirols sowohl größter als auch schönster See, ist etwa neun Kilometer lang, einen Kilometer breit und bedeckt eine Fläche von 719 Hektar. Seine tiefste Stelle, 133 m, wurde 1837 vom Wiener Geographen Simony (Erforscher des Dachsteinmassivs) ausgelotet. Der zwischen dem Karwendel und Rofangebirge eingebettete See beeindruckt den Durchreisenden mit seinem fjordartigen Charakter: hohe, jähe Felswände streben gegen den Himmel, unberührte Buchten und rauschende Wasserfälle vermitteln diesen Eindruck. Kein Wunder, daß auch in vergangenen Jahrhunderten dieser See zum bevorzugten Jagd- und Fischgebiet der Landesherren zählte. Erzherzog Sigismund und Kaiser Maximilian I. weilten an seinen Ufern und die Stiftsherren von St. Georgenberg-Fiecht zählten in späterer Zeit den Achensee zu ihrem Besitz. Nach dem Ersten Weltkrieg erwarben die Tiroler Wasserkraftwerke den See, den sie noch heute in schonender Weise als »Speicher« für das 1927 bei Jenbach errichtete Achensee-Kraftwerk nützen.

Wie das Karwendel, so zählt auch das **Rofan- oder Sonnwendgebirge** zu den Nördlichen Kalkalpen und wird durch den Achensee, das Inntal und die Linie Achental-Gufferthütte – Erzherzog-Johann-Klause – Kaiserhaus-Thiersee – Kiefersfelden begrenzt. (Wanderungen im Bereich Kufstein-Thiersee finden Sie im KOMPASS-Wanderbuch »Kufstein – Kaisergebirge«, erschienen im selben Verlag.) Das Rofangebirge ist wegen seiner abwechslungsreichen Bergformen und der zahllosen Möglichkeiten sowohl für leichte Bergwanderungen und Gipfelbesteigungen als auch für Klettertouren aller Schwierigkeitsgrade berühmt. Der höchste Punkt des in sich abgeschlossenen Gebirgsstockes ist die

Hochiß, 2.299 m. Weitere beliebte Gipfel sind die Rofanspitze, 2.260 m und das gegen das Inntal vorgeschobene Vordere Sonnwendjoch, 2.224 m. Der meistbestiegene Gipfel ist der Gschöllkopf, 2.039 m, der Hausberg der Erfurter Hütte, der als schroffer Kegelstumpf aus dem Hochplateau aufragt. Allseits umgibt das Rofangebirge reicher Waldbestand (Fichten, Lärchen, Latschen), Laubhölzer fehlen jedoch fast, dafür überzieht üppige Flora das Plateau. Anders als im Karwendel findet man im Rofan kaum Kare. Allerdings haben in der Nacheiszeit Bergstürze die ursprüngliche Landschaft verändert: am Roten Gschößund zwischen der Hochiß und Rofanspitze kann man die Abrißstellen noch gut erkennen. Das überschaubare Hochplateau des Rofans birgt als landschaftliche Besonderheit eine Anzahl kleiner Seen und Lacken, wie den Zireiner See, die Gruberlacke, den Grubersee und die Ampmooser Seen.

Geologie
Im Bereich der Nördlichen Kalkalpen befinden wir uns in der Zone der Sedimentablagerungen während den Erdzeitaltern Kreide, Jura und Trias. Diese Sedimente wurden im Meer abgelagert und unter großem Druck aus den Wassern emporgehoben – davon zeugen Verwerfungen, Faltungen und eingeschlossene Versteinerungen, die man mancherorts finden kann. Die im Untergrund liegende Triasscholle setzt sich (von unten nach oben) aus Wettersteinkalk, Raibler Schichten, Hauptdolomit, Plattenkalk und Kössener Schichten zusammen. Die Umgebung von Steinberg am Rofan liegt inmitten des Wettersteinkalks, auch der Unnütz und die Guffertspitze bestehen aus diesem Gestein. Da das Schichtpaket des Rofangebirges gegen Norden stark angehoben ist, senkt sich der Wettersteinkalk gegen Süden ab und wird von einer schmalen Zone der Raibler Schichten überlagert. Diese bestehen vornehmlich aus Mergel und braunem Sandstein. Darüber bauen die Plattenkalke das Kotalmjoch, den Stuhlböcklkopf und das Seilegg auf. Die Kössener Schichten lassen sich leicht an dem Landschaftsbild erkennen: seichte Mulden und Sumpfböden charakterisieren diese an Versteinerungen reiche Zone. Der Gipfelbildner des Rofangebirges ist der weiße Riffkalk, der, stark gebankt, von schmalen Einlagerungen toniger roter Lias durchzogen ist. Ebenfalls zur geologischen Epoche der Jura zählt die Hornsteinbreccie die man am Gipfel der Rofanspitze antrifft. Betrachtet man die Stellung des Rofangebirges zwischen dem Karwendel und dem Wilden (bzw. Zahmen) Kaiser, so wird man feststellen können, daß im Karwendel der Typ des Kettengebirges vorherrscht, im Rofan jedoch erste Anzeichen von Verebnungsflächen zu erkennen sind. Karrenfelder, an der Oberfläche zutagegetretenes Kalkgestein, das durch chemische und mechanische Verwitterung stark zerklüftet ist, findet man genauso wie die im Plateaubereich verbreiteten Dolinen. Diesem Plateaucharakter begegnet der Wanderer auch im Zahmen Kaiser, wohingegen der Wilde Kaiser dem Kettengebirge angehört.
Auch das Karwendelgebirge besteht fast ausschließlich aus Meeresablagerungen. Gleich wie im Rofan entstammen seine Gesteinsmassen

der Trias, Jura und Kreide. Außerdem finden sich in den Karen und Tälern Schuttmassen, die während und am Ende der Eiszeit von Gletschern und fließendem Wasser dort abgelagert wurden. Die ältesten Sedimente gehören zum Buntsandstein. Es sind rote, grüne und weiße Quarzsandsteine und Tonschiefer. Mancherorts treten auch mächtige Rauhwacken und dunkle, weißadrige Kalke und Dolomite auf, die stellenweise Salz- und Gipslager einschließen (Halltal!). Darüber breiten sich feste Muschelkalkschichten aus, die reichlich Hornstein enthalten. Am Südabfall des Karwendels ist in diesen Schichten eine üppige Ammonitenfauna entdeckt worden. Der Muschelkalk geht nach oben in den über 1.000 Meter mächtigen Wettersteinkalk über. Dieser verleiht den Gipfel und Wänden des südlichen Karwendels das charakteristische Aussehen. Schon von weitem fällt der Wettersteinkalk durch seine großen, geschlossenen Wände, die lichte Farbe und das feste Gefüge auf. Das Gestein birgt an manchen Stellen silberhaltige Blei- und Zinkerze, die in früheren Jahrhunderten im Bergbau gewonnen wurden. Die Deckschicht des einheitlichen, festen Wettersteinkalkes bilden die Raiblerschichten. Sie sind die versteinerungsreichste Ablagerung des Karwendels und bestehen aus ganzen Bänken von Muschelschalen, die manchmal sogar noch ihren Perlmutterglanz behalten haben.
Die Verwitterung frißt die weichen Mergel zwischen den festeren Kalk- und Rauhwackenlagen heraus, so daß bei steiler Stellung die schmalen und hohen Kalkbretter und die schlanken Rauhwackentürme eine großartige Gotik erzeugen (zum Beispiel südlich vom Hallerangerhaus und am Freiungen-Höhenweg). Über graue Rauhwacken geht diese Ablagerung in den mächtigen Hauptdolomit über.
Diese Meeresablagerungen sind nun in den folgenden geologischen Zeiträumen durch mächtige Bewegungen seitlich zusammengepreßt, gehoben und übereinandergeschoben worden. Durch diese Faltungen und Pressungen entstanden die Grundformen, die dann durch Erosion oft in grotesker Weise weiter geformt wurden. Während der letzten Eiszeit war das Karwendel von eigenen Gletschern beherrscht, aber auch Gletscher aus den Zentralalpengebieten flossen an seinen Rändern in die Voralpenlandschaft (Oberbayerische Hochebene). Es wird angenommen, daß auch nach der Eiszeit die Vergletscherung des Karwendels noch lange anhielt, was die zahlreichen Moränenringe beweisen, die sich in mehreren Karen befinden.

Siedlungsgeschichte
Die frühesten Niederlassungen aus historischer Zeit finden wir an den Südhängen der gegen das Inntal abfallenden Ketten (Inntal- und Halltalkette). Schon um die Mitte des 10. Jahrhunderts lebte im Stallental ein bayrischer Ritter aus Aibling namens Rathold als frommer Einsiedler, der das heute noch bestehende St. Georgenberg mit einer Kapelle gründete. Bereits im frühen Mittelalter drangen neben Jägern auch Bergleute ins Innere des Karwendels ein. Im Jahre 1484 wurden im heutigen Hinterriß Eisenlager entdeckt und um 1544 wurde hier von den Augsburger Fuggern ein Eisenbergwerk samt Schmelze betrieben. Hinterriß

hieß damals »Maria Schmelz«. 1532 wurde im Karwendeltal auf Galmei (kohlensaueres Zink) gegraben und um 1594 im Gleirschtal ein ergiebiger Silbererzbau eröffnet. Im Gleirschtal, 2½ Std. von Scharnitz entfernt, entstand mitten in den landesfürstlichen Wäldern neben einem bewirtschafteten Forsthaus ein Sägewerk, die sogenannte Amtssäge, die das Haller Salzbergwerk mit Holz zu versehen hatte. Der Transport zum Bergwerk Hall ging per Achse und auf Saumeseln durch das Samertal (wie der oberste Teil des Gleirschtales heißt) zur Pfeisalpe und zum Stempeljoch (2.215 m). Dort ließ man das Grubenholz, die sogenannten »Stempel«, über die steilen, bis in den Frühsommer hinein schneebedeckten Steilhänge zum Issanger (1.631 m) hinunterrutschen und ersparte sich damit viel Arbeit und einen weiten Weg. Vom Issanger zum Salzberg bei den »Herrenhäusern« war ein leichter Transport gesichert.

Obwohl naturgemäß von Jägern in Ausübung ihres Berufes eine ganze Reihe von Hochgipfeln schon früher erstiegen wurden, begann die touristische Erschließung des Karwendels erst Ende der sechziger Jahre des vorigen Jahrhunderts. Der unvergeßliche Hermann von Barth war es, der als 24jähriger, tatendurstig und begeistert in die Geheimnisse des Karwendels eindrang, als Alleingeher ohne Führer fast alle Gipfel als erster bestieg und vom ganzen Gebiet topographische Zeichnungen anfertigte. Er schrieb darüber das klassische Werk »Aus den Nördlichen Kalkalpen«. Am »Kleinen Ahornboden« ist ihm inmitten seiner geliebten Bergwelt ein Denkmal gesetzt. Bedeutende Bergsteiger folgten ihm in der Besteigung und Erschließung der Gipfel nach: Grohmann, Pock, Heinrich Schwaiger, Zott und viele andere.

Die erste größere Schutzhütte im Karwendel erbaute der Zirler Postmeister Niederkircher im Jahr 1888 auf dem Wiesensattel (Zirler Mähder) südlich der Solsteingruppe. Diese »Solsteinhütte« wurde später von einem Jagdherrn übernommen und erhielt den Namen »Martinsberg«. Im Jahre 1924 wurde daraus die »Neue Magdeburger Hütte«. Ihr folgten dann 1894 die von den Innsbruckern erbaute Bettelwurfhütte, 1914 das Solsteinhaus auf dem Erlsattel, 1923 die Falkenhütte und die Tölzer Hütte, 1926 die Pfeishütte. 1928 begann man schließlich die Pläne einer Seilbahn auf das Hafelekar zu verwirklichen.

Heute ist das Karwendel ein Berggebiet, das auch der Bequemste durchwandern kann. Zum Glanzpunkt »Großer Ahornboden« führt sogar eine asphaltierte Straße, mit der auch der Massentourismus dort endet. Wer ganz in den Genuß der Schönheiten der Bergwelt kommen will, wählt als Wanderzeit das Frühjahr oder den Herbst. Duftende Alpenblumen in ihrer schönsten Blüte oder bunte Bergwälder, umrahmt von der erhabenen Bergwelt, sind es einsamen Wanderers Lohn.

Zum Schluß sei noch besonders darauf hingewiesen, daß im gesamten Naturschutzgebiet des Karwendels, sowohl in Bayern als auch in Tirol, das Pflücken von Blumen und das Beunruhigen des Wildes streng geahndet wird. Auch im eigenen Interesse scheint es ratsam, jeden Lärm zu unterlassen.

Flora und Fauna

Prächtige Wälder findet man in den Tallagen und an den Südhängen. Die Fichte ist hier am meisten vertreten. Daneben gibt es größere Bestände an Lärchen und Buchen und vor allem an Ahorn. Eine Wanderung durch das herbstliche Karwendel zeigt die ganze Palette der Farben. An den Hängen steigt der Wald fast nirgends hoch hinauf, weil dem Wettersteinkalk eine gute Humusauflage fehlt. Um so höher reichen die dunklen Felder der Latschen (Zundern, Krummholz, Legföhren). Zirben treten nur vereinzelt an der Waldgrenze auf. Die Alpenrose bedeckt weite Hänge und gibt der Landschaft im frühen Sommer prächtige Farbkleckse. An einsamen Stellen, besonders an steilen Südhängen, stehen in großer Zahl die Bergprimeln (Platenigl), intensiv gelb und stark duftend. Steinröserl und viele andere seltene Blumen findet man nur weit abseits in einsamen Karen und Wänden. Insbesondere das Edelweiß ist sehr selten.

Die Jagd spielt auch heute noch eine wichtige Rolle. Der erstaunlich reiche Wildbestand an Gemsen, Hirschen, Rehen, Murmeltieren und sonstigem jagbarem Getier kann in den Wäldern und Karen vielfach beobachtet werden. Dem ruhigen Wanderer zeigen sich ganze Rudel von Gemsen. Am Solstein wurden nach dem 2. Weltkrieg Steinböcke ausgesetzt, die sich bis heute zu einer stattlichen Kolonie entwickelt haben. Aber auch Feld- und Schneehasen, Schneehühner, Auerhähne und Birkhähne sind in den Morgen- und Abendstunden zu beobachten.

Beim Zenzenhof, Blick zum Solstein

Karwendel – Rofan – ein Ziel zu jeder Jahreszeit

Aufgrund des Gebirgscharakters wird man schlußfolgern, daß die Saison im Karwendel nur auf die kurze Sommerzeit beschränkt ist. Tatsächlich ist dies auch im Herzen dieser Gebirgsgruppe der Fall, jedoch in den Randgebieten locken Wintersportorte mit reichem Angebot: Auf den geübten Skiläufer warten rassige Abfahrten durch Kare und Steilrinnen (Mittenwald, Seefeld, Innsbruck); leichte Abfahrten sind sowohl in den genannten Orten als auch in Pertisau, Achenkirch, Kramsach, Maurach und Brandenberg gegeben. Aufgrund der sonnigen Lage im südlichen Randbereich und den schneesicheren Gebieten um Seefeld, am Achensee und am Ostrand des Rofangebirges steht auch dem Skiwanderer ein reiches Angebot an wunderschönen Loipen zur Auswahl. In den letzten Jahren fand der Rodelsport immer mehr Anhänger, die die herrlichen, langen Abfahrten von den verschiedensten Almen und Skihütten schätzen.
Nach dem Rückzug des Schnees bricht im April/Mai die Zeit der Talwanderungen an. Ob zur Eppzirler Alm, in das Stallental, Falzturntal, in die Eng oder Karwendeltal, überall wird man vom Echten Alpenglöckchen, von Schlüsselblumen, Leberblümchen, Veilchen, Seidelbast und Krokus umgeben. An die steilen Felswände klammert sich das Aurikel.
Im Juni bietet sich das Plateau des Rofangebirges zur Erholung an: auf einsamen Pfaden genießt man die Fernsicht zu den Zillertaler Alpen, in das Karwendel und bis weit in das Alpenvorland. – Nach der Bergtour laden mehrere Seen zur Erfrischung ein: Krummsee, Reintaler See, Berglsteiner See, zahlreiche Moorseen um Seefeld, die idyllischen Bergseen Ferchensee und Lautersee bei Mittenwald und an besonders heißen Tagen der Achensee. Letzterer ist auch in Segel- und Surfkreisen wegen seiner hervorragenden Windverhältnisse weitum bekannt.
Wenn sich der Spätsommer naht, beginnt die schönste Zeit im Karwendel. Der Große und Kleine Ahornboden empfängt uns mit beeindrukkender Farbenpracht und allerorts stehen leuchtende Lärchen im Kontrast zu den kahlen Felswänden, die sich dem dunkelblauen Himmel entgegenrecken. Nun schwärmt der Gipfelbesteiger von der Fernsicht, die sich ihm über die Talnebel hinweg bietet. Mitte September findet das Hauptereignis im Karwendel statt: der von vielen Begeisterten erwartete Karwendelmarsch. Dieses Großereignis wird nun schon seit dem Jahr 1969 abgehalten und führt über nahezu 53 Kilometer durch das zentrale Karwendelgebirge: von Scharnitz durch das Karwendeltal zum Karwendelhaus, hinab zum Kleinen Ahornboden und im Gegenanstieg zur Falkenhütte. Nach der Eng gilt es den Gramaialm-Hochleger zu erklimmen – das anstrengendste Wegstück – ehe es durch das Falzturntal auswärts dem Ziel am Achensee entgegen geht.
So zeichnet sich das Rofan und Karwendel während des ganzen Jahres durch die naturbelassene Landschaft aus, durch erholsame Aufenthalte in den Orten, die rund um dieses Kalkgebirge immer Saison haben.

Allgemeine Tips für Wanderungen und Bergtouren

Es ist sicherlich nicht Aufgabe eines Wanderbuches, einen vollständigen Katalog der **Bergausrüstung** aufzustellen, denn jeder einzelne wird aus Erfahrung wissen, wieviele Pullover er als Kälteschutz benötigt oder wieviel Gepäck er in seinem Rucksack unterzubringen versteht. Die Beschaffenheit des Karwendels und Rofans bringt es mit sich, daß die Routen, die oftmals durch steiles Felsgelände gehen, vernünftiges Schuhwerk erfordern. Halbschuhe, Sandalen oder zu leichte Wanderschuhe geben im Fels oder auf feuchten Wiesen keinen Halt und gefährden zusätzlich unsere Begleiter. In extremen Fällen, etwa im Frühjahr bei Firn, beim Queren von Altschneerinnen oder bei steilen Wiesen, leistet ein **Pickel** unschätzbare Dienste, genauso wie ein kurzes Bergseil, das dem Bergunerfahrenen und Kindern, richtig gehandhabt, neben psychologischer auch tatsächliche Hilfe bietet. Ein guter Anorak oder ein Schirm sind bei einem Regenguß sicherlich wertvoll. Die **Wanderapotheke** wird hoffentlich ungebraucht im Rucksack bleiben, doch bei Abschürfungen ist eine desinfizierende Salbe und ein Hansaplast gewiß willkommen, wie auch ein paar Sicherheitsnadeln, falls der Hosenstoff beim Abstieg leiden sollte. Gegen die starke Sonnenstrahlung schützt am besten eine Kopfbedeckung, eine Sonnenbrille und ein Sonnenschutzmittel. – Getränke nicht vergessen!

Bei Unfällen ist die nächste Bergrettungsstelle zu verständigen. Ist direkte Hilfeanforderung unmöglich, kann durch das **alpine Notsignal** Hilfe herbeigeholt werden. **Hilfeanforderung:** 6 Signale pro Minute in Abständen von je 10 Sekunden, eine Minute Pause, wieder 6 Signale usw. **Antwort:** 3 Signale in einer Minute in Abständen von je 20 Sekunden, eine Minute Pause, dann wieder 3 Signale usw.

Die **Schwierigkeitseinteilung** leicht – mittel – schwer richtet sich **nicht** nach der Münchner Skala (von leicht bis äußerst schwierig), sondern wurde unter dem Gesichtspunkt der für einen durchschnittlichen Wanderer zu überwindenden Höhenmeter, der Schwierigkeit des Weges und der Einkehr- und Rastpunkte ausgewählt.

Die Schwierigkeit und der angegebene Zeitaufwand stellen unverbindliche Empfehlungen dar, – sie können je nach Witterungseinflüssen und Geländeverhältnissen von den angegebenen Werten mehr oder weniger abweichen.

Kennzeichnung der Schwierigkeiten:

- (blau) leichte Wanderung, auch für Kinder
- (rot) mittelschwere Wanderung
- (schwarz) schwere Wanderung, nur für schwindelfreie Geübte!

Zeichenerklärung zu den Tourenprofilen:

- Gasthaus, Unterkunftshaus
- Aussichtspunkt, Rundblick
- unbewirtschaftete Hütte, Unterstandsmöglichkeit
- Sessellift
- Standseilbahn

Karwendelgebirge

Karwendelgebirge

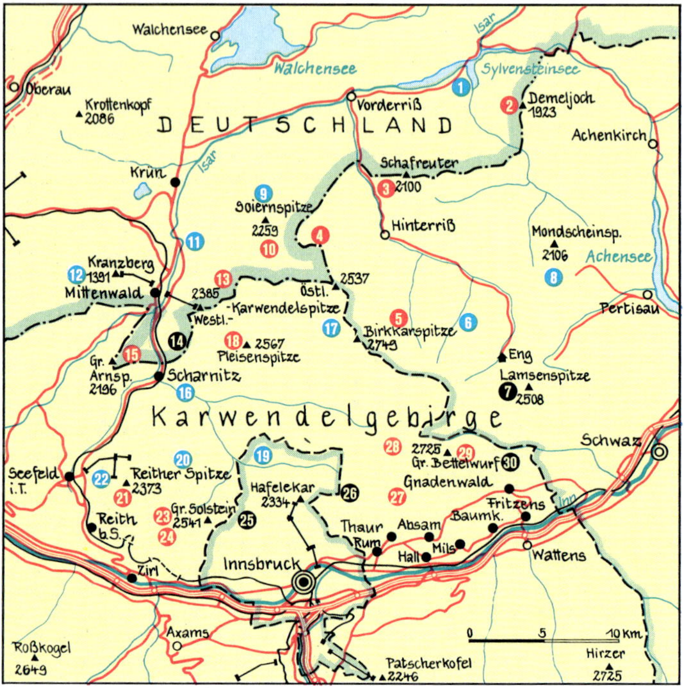

● Fremdenverkehrsverband, Verkehrsverein — Straße — Eisenbahn
Staatsgrenze — Bezirksgrenze — 27 Lage der beschriebenen Wanderwege

Dort, wo sich an der Mündung des Wipptales die Landeshauptstadt Tirols, Innsbruck, ausdehnt, erhebt sich, gleichsam als Wahrzeichen der Stadt, die Nordkette. An ihrem Fuß erstrecken sich breite, bis 300 Meter hoch aufsteigende eiszeitlich überformte Terrassen, die teilweise mit Löß und Lehm bedeckt sind. Die Hungerburgterrasse findet ihre Fortsetzung im östlich gelegenen Gnadenwald; südlich der Stadt wird das Gegenstück seit dem 19. Jahrhundert als »Mittelgebirge« bezeichnet. Eine für die Glazialforschung bedeutende Erscheinung im Raum Innsbruck sind die aus interglazialen Murbrüchen hervorgegangenen, horizontalen Bänke der Höttinger Breccie. Diese setzt sich aus verfestigtem, rötlichem Buntsandstein, Muschelkalk und Wettersteinkalk zusammen. Schon in den vergangenen Jahrhunderten fand die Breccie aufgrund ihrer Festigkeit als Baustein Verwendung.
Nähere Angaben über Innsbruck finden Sie im KOMPASS-Wanderbuch »Innsbruck – Seefeld«, erschienen im selben Verlag, das auch weitere Tourenvorschläge beinhaltet.

Die alte Salinenstadt **Hall** erstreckt sich auf dem zum Inn abfallenden Schwemmkegel des Hallbachs. Bereits 1303 zur Stadt erhoben, war Hall im Mittelalter einer der bedeutendsten Handels- und Umschlagplätze Mitteleuropas. Der Salzbergbau und die Innschiffahrt spielten dabei eine unübersehbare Rolle. 1967 wurde die Saline aus wirtschaftlichen Erwägungen aufgelassen und der Name »Solbad Hall« in »Hall in Tirol« umgewandelt. Das mittelalterliche Altstadtbild mit seinen malerischen Gäßchen, den prunkvollen historischen Bauten mit Zinnengiebeln und Erkern im Stile der Inn-Salzach-Stadt hat sich bis heute in unverfälschter Form erhalten. Von den ehemals mächtigen Stadtmauern sind heute allerdings nur mehr Reste zu sehen und von den Toren hat einzig und allein das Münztor die Zeiten überdauert. Drei markante Plätze gliedern die Stadt: der Obere und der Untere Stadtplatz und der Stiftsplatz. (Sehenswürdigkeiten siehe unter Ortsbeschreibungen!).
Von alters ist die historische Bedeutung von **Scharnitz** durch seine geographische Lage bestimmt gewesen: Nördlich des Ortes rücken das Karwendel- und Wettersteingebirge in nächste Nähe zusammen. Deshalb haben dort schon die Römer eine befestigte Straßenstation errichtet, die den Namen Scarbia erhielt (die genaue Lage kann jedoch heute nicht mehr mit Sicherheit festgestellt werden). Seit dem Spätmittelalter liefen die Bestrebungen der Landesfürsten darauf hinaus, die Grenze gegen Bayern bis an die Enge von Scharnitz vorzurücken. Im 30jährigen Krieg ließ Erzherzogin Claudia de Medici die Schanzen anlegen, die während des Spanischen Erbfolgekriegs (1703) und in den Napoleonischen Kriegen im Mittelpunkt heftiger Kämpfe standen. Im Jahre 1805 konnte sich die Festung gegen Marschall Ney solange halten, bis die Franzosen, alle Sperren überwunden, ihnen in den Rücken fielen.
Den Beliebtheitsgrad beim Urlaubsgast verdankt Scharnitz seiner Lage an der Mündung dreier Karwendeltäler (Karwendeltal, Hinterautal und Gleirschtal). – Obwohl der Ortsname über den mittelalterlichen Scharnitzwald auf das römische »Scarbia« bzw. »Scarantia« rückführbar ist, ist die heutige Siedlung nicht so alt wie manche Ortschaften der Umgebung. Erst gegen Ende des 15. Jahrhunderts entstand eine Rodungssiedlung nahe der Brücke, auf der die Rottstraße die Isar überquerte. Im 17. Jahrhundert erweiterte sich die Siedlung bis zur Porta Claudia. Bis 1766 zählten die rechts der Isar gelegenen Häuser noch zum Hochstift Freising. Im Jahre 1840 bestand die Gemeinde Scharnitz erst aus 36 Anwesen. – Das Einkommen der Bevölkerung bestand vornehmlich in der Herstellung von Holzkohle (1930 wurden die letzten Meiler aufgelassen) für die in Innsbruck gute Absatzmöglichkeiten bestand.
Mittenwald ist nach Partenkirchen und Garmisch der dritte alte Hauptort des Werdenfelser Landes, ausgezeichnet durch seine Lage an einer uralten Nord-Süd-Straße, durch sein fast nebelfreies Klima mit vielen klaren, milden Föhntagen und durch sein typisches malerisches Ortsbild. Mittenwald hat seinen Namen von dem großen Waldgebiet, das sich im Mittelalter von Seefeld bis Wallgau erstreckte und »die Scharnitz« hieß. Der Wald bedeckte die Hänge und die Aufschüttungen der

Isar in der Talfurche zwischen Wetterstein und Karwendel, durch die einst ein Seitenstrom des Inntalgletschers geflossen war. Seit dem zweiten Jahrhundert gewann die über den Brenner und den Zirler Berg in das obere Isartal führende Straße an Bedeutung. Auf dem Mittenwalder Burgberg wird eine römische Wachstation vermutet. Im heutigen Ortsbereich von Mittenwald verlief die Römerstraße im Zuge der Innsbrucker Straße – Karwendelstraße nach Norden und bog dann über Klais nach Partenkirchen ab. Die Siedlung Mittenwald wurde im Hochmittelalter wohl vom Kloster Scharnitz – Schlehdorf aus auf der Sonnenseite des Tals gegründet. Wie das ganze Werdenfelser Land gehörte Mittenwald dann bis 1803 zum Hochstift Freising. Der dörfliche Ortsteil von Mittenwald »im Gries« und der Siedlungskern um die Pfarrkirche mit der ehemaligen Judengasse (heute Ballenhausgasse) sind älter als die Straßenzeilen des Ober- und Untermarkts, deren malerische Staffelung dadurch entstand, daß hier eine alte Flureinteilung von den Straßen nicht senkrecht, sondern schräg geschnitten wurde. Die geschlossene Bauweise an den Hauptstraßen zeugt vom alten Marktcharakter des Orts (schon 1305 als Markt bezeichnet), für dessen Entwicklung die mittelalterliche Verkehrslage ausschlaggebend war. Spätestens im 14. Jahrhundert bildete sich in Mittenwald die »Rott« – eine Art Speditionsgesellschaft, die nach einem festen Turnus die Beförderung der Kaufmannswaren bis zur nächsten Niederlage (Partenkirchen) übernahm, zunächst auf der Straße, seit 1407 auch zu Floß auf der Isar. Dabei kam Mittenwald ein weltpolitisches Ereignis zugute: Die Eroberung Konstantinopels durch die Türken 1453, die unter anderem zur Folge hatte, daß der europäische Import von Orientwaren mehr und mehr über Venedig und die Tiroler Pässe ging. Die Venezianer hielten in Bozen Markt, hatten dort ihre Warenniederlage und rechneten mit ihren deutschen Geschäftspartnern ab, bis Erzherzog Sigmund von Tirol während eines Krieges mit Venedig 1487 130 Venezianer Kaufleute auf dem Bozner Markt gefangennehmen ließ. Daraufhin verlegte der Rat von Venedig den Markt, die Warenniederlage und das Kontor nach Mittenwald. Der Ort nahm einen starken Aufschwung und hatte um 1600 schon 1300 Einwohner. Doch der 30jährige Krieg lähmte den Handelsverkehr und 1679 verlegte Venedig den Markt zurück nach Bozen. Was Mittenwald um diese Zeit vor dem Ruin bewahrte, war der Einfall des Mittenwalders Urban Klotz, seinen Sohn Matthias (geb. 1653) als Zehnjährigen mit einem Rottfuhrmann nach Italien zu schicken, damit er dort das Geigenbauen lerne. Matthias Klotz wurde der Meisterschüler des Nicola Amati in Cremona und brachte die Kunst des Geigenbauens nach Mittenwald, wo sie noch heute blüht. Im 19. Jahrhundert zog die Eisenbahnstrecke durch das Inntal und über den Brenner (eröffnet 1858/67) den Frachtverkehr von Mittenwald völlig ab, doch brachte der Fremdenverkehr allmählich einen neuen Aufschwung, vor allem seit 1912, als die Bahn auch nach Mittenwald kam.

Krün bestand im Mittelalter aus einigen Schwaighöfen, die 1491 an das Hochstift Freising verkauft wurden. Um 1700 waren hier nur zwölf Anwesen. Den großen Aufschwung verdankt der Ort, wie alle Orte im Wer-

denfelser Land, seiner schönen Lage und dem Fremdenverkehr. Krün liegt in einem weiten Talkessel zwischen Mittenwald und dem Walchensee. Ringsum Berge: Wetterstein, Karwendel, Soierngruppe und Estergebirge. Dazu die Deutsche Alpenstraße, die Isar und die vielen kleinen Seen, – es sind die Glanzpunkte dieser Gegend. Durch Eingemeindung der Ortsteile Barmsee, Klais, Schloß Kranzbach, Schloß Elmau und den Weiler Gerold wurde das Gemeindegebiet wesentlich erweitert.
Erwähnenswert ist auch der kleine Ort **Fall** am Sylvensteinsee. Ehemals erlangte diese kleine Ortschaft durch den Roman »Der Jäger von Fall« von Ludwig Ganghofer Bedeutung. Die ursprüngliche Ortsanlage wurde durch den Stau der Isel überflutet und an seine Stelle trat die heutige, auf einer Halbinsel gelegene Siedlung, von der in kühnem Bogen die Straßenbrücke den Stausee überquert.

Ortsbeschreibungen:

ABSAM

Gemeinde, Bezirk Innsbruck-Land, Seehöhe: 632 m, Einwohnerzahl: 5.280, Postleitzahl: A-6060. **Auskunft:** Fremdenverkehrsverband Absam, Tel. 05223/6269, 3190. **Bahnstation:** Hall in Tirol, Busverbindungen mit Hall, Innsbruck, Gnadenwald.

Sehenswert

Seit 1797 ist die **Pfarrkirche zum hl. Erzengel Michael** der meistbesuchte Marien-Wallfahrtsort Nordtirols. Am rechten Seitenaltar befindet sich das Bild der Schwarzen Madonna auf Glas. An der Nordwand des Kirchengebäudes erinnert eine Gedenktafel an den berühmten Geigenbauer Jakob Stainer (1623–1681), ebenso das **Jakob-Stainer-Haus** in der Stainerstr. 7. – Seit 1454 befindet sich das **Schloß Krippach** im Besitz der Familie Kripp zu Prunnberg und Krippach. – Das aus dem 14. Jahrhundert stammende Schloß **Melans** (Privatbesitz der Altinnsbrucker Familie Riccabona) wurde in den 1970er Jahren erweitert. – **Herrenhäuser** im Halltal: die derzeit unbewohnten Häuser beherbergten von 1780 bis 1967 die Betriebsleitung des Salzbergwerkes. – Faschingsbrauch: Mullerlaufen mit prachtvollen Masken.

BAUMKIRCHEN

Gemeinde, Bezirk Innsbruck-Land, Seehöhe: 593 m, Einwohnerzahl: 710, Postleitzahl: 6121. **Auskunft:** Gemeinde Baumkirchen, Tel. 05224/2966. **Bahnstation:** Volders-Baumkirchen, Busverbindungen mit Mils-Hall und Volders.

Sehenswert

Die **Pfarrkirche zum Hl. Laurentius** wurde 1310 urkundlich erwähnt. Der jetzige Bau, der im vorigen Jahrhundert vor allem im Innern verändert wurde, stammt vorwiegend aus spätgotischer Zeit. – Die **Annenkapelle** (bei Bad Baumkirchen) wurde Mitte des 17. Jh. erbaut. – **Schloß Wohlgemutsheim** wurde Ende des 15. Jh. erbaut und 1587 von Erzherzog Ferdinand II. erworben.

FRITZENS

Gemeinde, Bezirk Innsbruck-Land, Seehöhe: 591 m, Einwohnerzahl: 1.700, Postleitzahl: A-6122. **Auskunft:** Fremdenverkehrsverband Fritzens, Tel. 05224/2419. **Bahnstation:** Fritzens-Wattens.

Sehenswert

Der gotische Ansitz **Thierburg** stammt aus dem Jahr 1488 und schließt Fischzuchtanlagen aus der Zeit Maximilians I. ein.

GNADENWALD

Gemeinde, Bezirk Innsbruck-Land, Seehöhe: 890 m, Einwohnerzahl: 350, Postleitzahl: A-6060. **Auskunft:** Sport- und Erholungszentrum Absam – Gnadenwald, Tel. 05223/6269, 3190. **Bahnstation:** Hall in Tirol, Busverbindung mit Hall.

Sehenswert

In St. Martin wird die **Kirche zum hl. Martin** schon 1337 erwähnt. Im 15. Jahrhundert befand sich dort eine Einsiedelei, die um 1500 zu einem Kloster der »Waldschwestern« ausgebaut wurde. Nach einem Brand wurde die Kirche im 18. Jahrhundert barockisiert. – In **St. Michael** steht eine gotische Pfarrkirche (1337), deren ursprünglicher Bau im 18. und 19. Jahrhundert erneuert und vergrößert wurde. Die Deckengemälde stammen aus dem Jahr 1730. – Die Speckbacherkapelle wurde 1959 an der Stelle des Geburtshauses des Tiroler Freiheitshelden Josef Speckbacher errichtet.

St. Martin im Gnadenwald

HALL in Tirol

Stadt, Bezirk Innsbruck-Land, Seehöhe: 574 m, Einwohnerzahl: 12.500, Postleitzahl: A-6060. **Auskunft:** Fremdenverkehrsverband Hall in Tirol, Tel. 05223/6269. **Bahnstation:** Hall i.T., Busverbindungen nach Innsbruck, Gnadenwald, Tulfes, Wattens, Schwaz und Jenbach.

Sehenswert

Die Anfänge der **Kirche zum hl. Nikolaus** reichen bis in das Jahr 1281 zurück. Die spätgotische Hallenkirche erhielt 1670 einen barocken Turm. – Das **Stift,** ein dreigeschoßiger Bau, besitzt einen schönen Arkadenhof aus dem 16. Jh. Östlich an das Stift grenzen die Gartenterrasse und das Sommerhaus der Stiftsdamen (1715/16). – In der Nähe des Unteren Stadtplatzes erhebt sich die ehemalige **landesfürstliche Burg Hasegg,** die Erzherzog Ferdinand II. 1567 als Münzstätte einrichtete. Im ersten Stock befindet sich die von Niclas Thüring d. Ä. und Gregor Thüring erbaute Georgskapelle (1515). – Der **Münzturm,** der reizvollste Turm Tirols und das Wahrzeichen der Stadt Hall, bildete einst zusammen mit der Burg die südlichste Bastion der mittelalterlichen Stadtbefestigung. Schon in römischer Zeit stand hier ein Turm zum Schutz der Salzeinschiffung auf dem Inn. – Den Unteren Stadtplatz schließt die Fassade des ehemaligen **Salinengebäudes** nach Süden hin ab. Das Salinengebäude ist eine alte Anlage, die zuletzt nach einem Brand von 1822 erneuert wurde. – Das **Stubenhaus** ist der Sitz der 1508 von Ritter Florian Waldauf gegründeten, heute noch bestehenden Haller Stubengesellschaft. Das **Rathaus** besteht aus zwei verschiedenen Baukörpern: im Osten aus einem Haus von 1536, das eine Kanzel zur Verkündung der Ratsbeschlüsse aufweist und im Westen aus dem sogenannten »Königshaus«, das Herzog Leopold IV. 1406 der Stadt schenkte. Der Marmorepitaph im Hof ist eine Arbeit von Alexander Colin (1585). Ein Teil des Rathauses ist heute als Stadtmuseum eingerichtet und beherbergt eine getäfelte Bürgerstube und den alten Rathaussaal. – Die **Salvatorkirche** stammt aus dem 14. Jh. und wurde am Ende des 19. Jh. in neugotischem Stil umgebaut. Sehenswert ist im Innern das Fresko mit dem Jüngsten Gericht.

INNSBRUCK

Stadt mit eigenem Statut, Seehöhe: 575 m, Einwohnerzahl: 118.600, Postleitzahl: A-6020. **Auskunft:** Fremdenverkehrsverband Innsbruck-Igls und Umgebung, Burggraben 3, Tel. 05222/25715, 25719. **Bahnstation:** in der Stadt (Knotenpunkt der Strecke München-Bozen und Salzburg-Arlberg, sowie Ausgangspunkt der Karwendelbahn über Mittenwald nach Reutte im Außerfern); Busverbindungen nach Seefeld, Brenner, Hall, Telfs, Axamer Lizum, Igls; Straßenbahnen Linie 1 (Hungerburgbahn-Stubaitalbahnhof), Linie 3 Pradl; Stubaitalbahn, Igler Bahn. **Bergbahnen:** Standseilbahn Hungerburg, Tal 575 m, Berg 858 m, Länge 839 m; Nordkettenbahn, Tal 860 m, Berg 1.905 m, Länge 2.885 m; Hafelekar, Tal 1.905 m, Berg 2.260 m, Länge 752 m; Sessellift Frau Hitt Warte, Tal 1.905 m, Berg 1.965 m, Länge 294 m; Sessellift Iller-Stütze-Seegrube, Tal 1.661 m, Berg 1.905 m, Länge 584 m; Patscherkofelbahn (siehe Igls); Muttereralmbahn (siehe Mutters); Axamer Lizum (siehe Axams, sowie KOMPASS-Wanderbuch »Innsbruck-Seefeld«).

Sehenswert

Die **Domkirche zum hl. Jakob** von J. J. Herkomer und J. G. Fischer, 1717 bis 1722 errichtet, birgt als wertvolles historisches Inventar am Hochaltar das Gnadenbild »Mariahilf« von Lukas Cranach dem Älteren und prunkvolle Barockornamente. – Dreiheiligenkirche (1612). – Die **Hofkirche,** in den Jahren 1553–1563 erbaut, wurde in der Absicht errichtet, das Grabdenkmal Kaiser Maximilians I. aufzunehmen. Beim größten deutschen Kaisergrab erheben sich 28 überlebensgroße Erzstatuen, Büsten von römischen Kaisern, sowie die Plastiken von 23 Ahnen des Habsburger Geschlechts. – **Silberne Kapelle** (1587), als Grabkapelle für Erzherzog Ferdinand II. erbaut. – **Wiltener Pfarrkirche** (Neubau 1751–1755). Franz de Paula Penz schuf mit ihr eine der beeindruckendsten Rokokokirchen Tirols. – **Stiftskirche Wilten:** In den Ursprüngen auf das Jahr 1181 zurückgehend, wurde die bestehende Barockkirche von 1651–1665 von Christof Gumpp erbaut. Im Anschluß daran befindet sich das **Stift Wilten** (1138 gegründet). – Zu den schönsten Profanbauten Innsbrucks zählen: **Schloß Büchsenhausen** (1539 vom Glockengießer Löffler erbaut). – Palais Enzenberg (Universitätsstraße, 1720). – **Hofburg:** Die 1460–1510 in der Ära Kaiser Maximilians I. errichtete Burganlage wurde um 1770 unter Kaiserin Maria Theresia umgestaltet und erweitert (Baumeister J. M. Gumpp). Die überreichen Freskendarstellungen stammen vom Hofmaler F. A. Maulpertsch. – **Helblinghaus** (Spätrokokostukkaturen). – Katzunghaus (Herzog-Friedrich-Straße), 1530 erbaut mit Turnierdarstellung. – Landhaus (Barockpalast, von G. A. Gumpp). – Palais Lodron. – Schloß Mentlberg. – **Ottoburg** (um 1400) – Rathaus mit Stadtturm. – Palais Taxis. – Palais Trapp. – **Weiherburg,** 1490, mit nahem **Alpenzoo.** – Denkmal des Freiheitshelden Andreas Hofer am **Bergisel** (Sprungschanze). – Bergiselmuseum. – **Rundgemälde** bei der Talstation der Hungerburgbahn (die Schlacht am Bergisel darstellend). – **Triumphpforte,** 1765 anläßlich der Hochzeit zwischen Leopold von Toscana und der spanischen Prinzessin Ludovica erbaut. – **Goldenes Dachl,** Wahrzeichen Innsbrucks (1420, Erker aus dem Jahr 1500). – Botanischer Garten. – Hofgarten. – Landesmuseum Ferdinandeum. – Tiroler Volkskunstmuseum. – **Schloß Ambras** (10. Jh., 1564 von Erzherzog Ferdinand im Renaissancestil umgebaut, spanischer Saal, Museum, Konzerte).

KRÜN

Gemeinde, Landkreis Garmisch-Partenkirchen, Seehöhe: 874 m, Einwohnerzahl: 1.600, Postleitzahl: D-8101. **Auskunft:** Verkehrsamt Krün, Tel. 08825/204. **Bahnstation:** Klais (4 km), Busverbindungen mit Klais, Mittenwald und Wallgau.

MILS bei Hall

Gemeinde, Bezirk Innsbruck-Land, Seehöhe: 605 m, Einwohnerzahl: 2.000, Postleitzahl: A-6060. **Auskunft:** Fremdenverkehrsverband Mils, Tel. 05223/6580. **Bahnstation:** Hall in Tirol, Busverbindung mit Hall und Innsbruck.

Sehenswert

Die **Pfarrkirche Maria Himmelfahrt** wurde Anfang des 19. Jahrhunderts anstelle einer spätgotischen Kirche, die 1791 abbrannte, errichtet. – Das **Schloß Schneeburg** wurde Ende des 16. Jahrhunderts von Rupert von Schneeberg erbaut. Die Innenausstattung stammt teilweise aus der Zeit um 1700.

MITTENWALD

Markt, Landkreis Garmisch-Partenkirchen, Seehöhe: 913 m, Einwohnerzahl: 8.800, Postleitzahl: D-8102. **Auskunft:** Verkehrsamt der Kurverwaltung Mittenwald, Tel. 08823/1051. **Bahnstation:** im Ort. **Bergbahnen:** Karwendelbahn, Großkabinenseilbahn, Tal 933 m, Berg 2.244 m, Länge 2.485 m; Kranzberg-Sessellift (St. Anton), Tal 950 m, Berg 1.230 m, Länge 1.450 m; Kabinenbahn Hoher Kranzberg, Tal 1.230 m, Berg 1.391 m, Länge 800 m.

Sehenswert

Trotz vieler Brandkatastrophen (zuletzt Brand des Untermarkts 1914) hat Mittenwald, beraten vom Landesverein für Heimatpflege, sein charakteristisches Ortsbild besonders gut bewahrt. An die Blütezeit des Rottwesens erinnern die großen Toreinfahrten und Gewölbe vieler alter Häuser. Hervorragend sind die seit dem 18. Jahrhundert erhaltenen **Freskomalereien.** – **Pfarrkirche St. Peter und Paul,** um 1740 vom Wessobrunner Baumeister Josef Schmutzer erbaut, mit reicher, fast einheitlicher, farblich ausgezeichneter Ausstattung: Spätbarocke Kanzel, sehr gute Altäre des frühen Rokoko, Stukkaturen von Schmutzer, Dekken- und Altargemälde von Matthäus Günther. Im Ortsbild hervorragend der Turm mit reicher Architekturmalerei (Günther). – **Pilgerhaus,** 1485 von einem Passauer Domherrn (gebürtigem Mittenwalder) als »Hospiz für Pilger und andere ehrbar wandernde Leut« gestiftet, mit hübscher, barock ausgestatteter Kapelle. – Spätgotische **Friedhofskirche St. Nikolaus** (Patron der Flößer) mit schönem Turm (18. Jh.) und frühbarockem Hochaltar, auf dessen Rückseite eingeritzt: »M. K. (Matthias Klotz) 1684 Geigenmacher im 20. Jahr.« – **Klotz-Denkmal,** ein Werk des Münchener Erzgießers Ferdinand v. Miller, 1890. – **Klotz-Denkmal,** ein Werk des Münchener Erzgießers Ferdinand v.Miller, 1890. – **Altes Rathaus** (Ecke Obermarkt/Hochstraße), früher Ballenhaus (Niederlage der in Ballen gepackten Waren), dann bayerisches Zollhaus. – **Leutasch-Klamm,** entstanden durch die Erosion der Leutasch an der Stufenmündung des höher gelegenen (weil von einem schwachen Seitengletscher nur wenig ausgeschliffenen) Leutaschtals in das tiefere Isartal. 1880 als erste Klamm in den deutschen Alpen zugänglich gemacht. Gletscherschliff bei der Leutasch-Klamm, sehr gut erhalten, 1930 von dem Geographen Alfred Penck entdeckt.

REITH bei Seefeld

Gemeinde, Bezirk Innsbruck-Land, Seehöhe: 1.130 m, Einwohnerzahl: 740, Postleitzahl: A-6103. **Auskunft:** Verkehrsverband Reith bei Seefeld, Tel. 05212/253114. **Bahnstation:** Seefeld, Busverbindungen mit Seefeld und Innsbruck. **Bergbahnen:** Sessellift Geschwandtkopf, Tal 1.200 m, Berg 1.487 m, Länge 1.156 m.

Sehenswert

Pestsäule mit Fresken von 1604. – Fresko am **Riesenhaus,** 1537. – Dorfbrunnen.

SCHARNITZ

Gemeinde, Bezirk Innsbruck-Land, Seehöhe: 964 m, Einwohnerzahl: 1.210, Postleitzahl: A-6108. **Auskunft:** Fremdenverkehrsverband Scharnitz, Tel. 05213/270. **Bahnstation:** Scharnitz, Busverbindung nach Mittenwald, Seefeld-Leutasch und Innsbruck.

Sehenswert

Von der 1632 unter Erherzogin Claudia de Medici erbauten Festung **Porta Claudia** sind heute nur noch Ruinenreste erhalten.

SEEFELD in Tirol

Gemeinde, Bezirk Innsbruck-Land, Seehöhe: 1.180 m, Einwohnerzahl: 2.300, Postleitzahl: A-6100. **Auskunft:** Fremdenverkehrsverband Seefeld, Tel. 05212/2313, 2316. **Bahnstation:** Seefeld, Busverbindungen mit Mösern/Telfs, Leutasch/Mittenwald, Innsbruck und München. **Bergbahnen:** 1. Standseilbahn Roßhütte, Tal 1.200 m, Berg 1.748 m, Länge 2.470 m; 2. Kabinenseilbahn Seefelder Joch, Tal (Roßhütte) 1.748 m, Berg 2.064 m, Länge 905 m;

3. Kabinenseilbahn Härmelekopf, Tal (Roßhütte) 1.784 m, Berg 2.045 m, Länge 1.400 m; 4. Sessellift Roßhütte, Tal (Hochegg) 1.450 m, Berg 1.748 m, Länge 1.200 m; 5. Sessellift »Gschwandtkopfhütte«, Tal 1.190 m, Berg 1.485 m, Länge 1.200 m; 6. Sessellift »Gschwandtkopf-Gipfel«, Tal (Auland) 1.200 m, Berg 1.500 m, Länge 1.200 m; 7. Sessellift »Gschwandtkopf-Mitte«, Tal 1.190 m, Berg 1.340 m, Länge 600 m;

Sehenswert

In den Jahren 1423 bis 1474 wurde die **Pfarrkirche** errichtet und 1604 als Staffelkirche in spätgotischem Stil unter einem einheitlichen Dach umgestaltet. Das Hauptportal ist mit einem prachtvoll geschnitztem Wappenstein versehen. Von J. Puellacher stammen die Deckengemälde und Wandbilder (1772). – Das ehemalige Augustinerkloster (1516 erbaut) dient heute als Hotel. – Das **Seekirchlein** wurde 1628 vom Erzherzog Leopold V. gestiftet.

RUM

Gemeinde, Bezirk Innsbruck-Land, Seehöhe 622 m, Einwohnerzahl: 5.100, Postleitzahl: A-6064. **Auskunft:** Verkehrsbüro Rum, Tel. 05222/62500 oder 63235. **Bahnstation:** Rum, Busverbindungen mit Innsbruck und Hall in Tirol.

Sehenswert

Die **Benefiziatenkirche zum Hl. Georg** wurde schon 1337 urkundlich erwähnt und ist ein gotischer Langbau mit dreiseitigem Chorabschluß. Am Triumphbogen hinter dem linken Seitenaltar befinden sich Freskenreste vom Ende des 15. Jh. – Das **Gemeindeamt-Gebäude** besitzt schöne Erker und Wandmalereien aus der Mitte des 18. Jh. – Das **Kaiserkreuz** oberhalb von Hochrum erinnert an den Aufenthalt der im Jahre 1848 aus Wien geflüchteten kaiserlichen Familie.

THAUR

Gemeinde, Bezirk Innsbruck-Land, Seehöhe: 633 m, Einwohnerzahl: 2.400, Postleitzahl: A-6065. **Auskunft:** Gemeindeamt Thaur, Tel. 05223/7206. **Bahnstation:** Innsbruck, Busverbindung mit Innsbruck und über die »Dörferlinie« nach Hall.

Sehenswert

Pfarrkirche Maria Himmelfahrt (1244). – **St. Ulrichskirche** (ursprünglich romanisch, in gotischem Stil überarbeitet). – **St. Vigiliuskirche** (1634 von Salinenarbeitern errichtet). – Wallfahrtskirche zum hl.Peter und Paul **(Romediuskirchlein).** – Nordwestlich des Ortes liegt die **Ruine Thaurer Schloß.** Nach dem Aussterben der ersten Besitzer, der Grafen von Andechs im Jahre 1248, kam das Schloß an die Grafen von Hirschberg, die größere Umbauten vornahmen. Später gelangte es in den Besitz der Grafen von Tirol und deren Nachfolger. Schon seit Ende des 17. Jhs. ist das Schloß Ruine. In früherer Zeit diente es als Gerichtsgebäude. – Das **Kirchlein St. Loretto** wurde von Erzherzog Ferdinand II. und dessen Gemahlin Anna Katharina Gonzaga gestiftet (1589).

ZIRL

Gemeinde, Bezirk Innsbruck-Land, Seehöhe: 622 m, Einwohnerzahl: 4.200, Postleitzahl: A-6170. **Auskunft:** Fremdenverkehrsverband Zirl, Tel. 05228/235. **Bahnstation:** Zirl, Busverbindungen nach Seefeld, Innsbruck, Telfs.

Sehenswert

Pfarrkirche zum hl. Kreuz. – Kalvarienbergkirche mit Rokokoaltar. – St. Martinskapelle (einst Teil des Jagdschlosses von Kaiser Maximilian I.) – **Maximiliansgrotte** in der Martinswand.

Wanderungen und Bergtouren im Karwendel

1 **Wanderung:** Fall – Wiesalm

Ausgangspunkt: Fall
Parken: im Ort
Höhenunterschied: 250 m
Wanderzeit: 2½ Std.
Schwierigkeitsgrad: leicht!
Einkehr: Fall

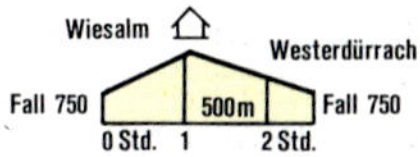

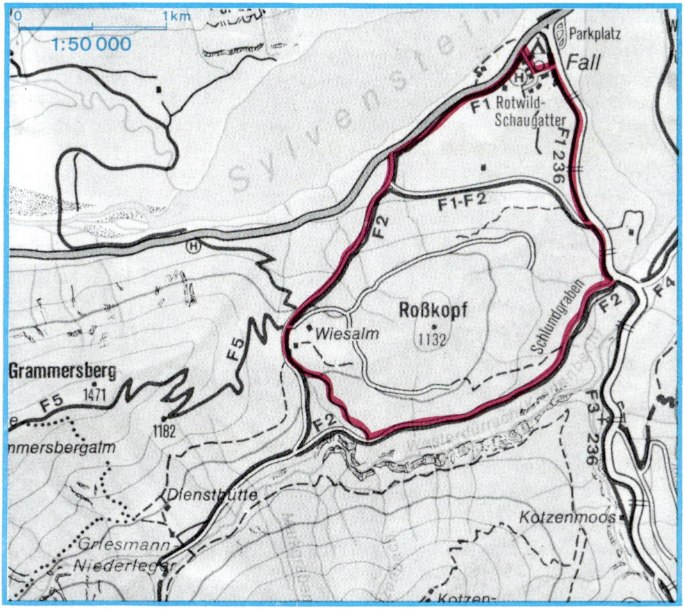

Tourenverlauf: Die kleine Ortschaft Fall am Sylvensteinsee ist der Ausgangspunkt einer kurzweiligen Rundwanderung um den Roßkopf, der sich südlich des Stausees erhebt. Knapp zehn Minuten folgen wir der Straße nach Vorderriß, ehe wir links auf einen Fahrweg einschwenken können. Bald beginnt der Anstieg steiler zu werden und nach der Querung zahlreicher Gräben erreichen wir die stille Wiesalm, die sich im Sattel zwischen Roßkopf und Grammersberg ausdehnt. Kurz nachdem wir in den Wald eingetreten sind, gabelt sich der Weg: Wir nehmen den links abzweigenden Steig, der uns steil in Bachnähe hinunter zu einer Forststraße führt. Ostwärts geht es nun am flachen Weg talaus, immer über der tief in ihr Felsbett eingeschnittenen Westerdürrach entlang. Unweit der Mündung in den Stausee erreichen wir den Fahrweg, der aus dem Bächental herauskommt. Nach Norden gewandt spazieren wir in einer Viertelstunde nach Fall zurück. – In Fall ist der Besuch des Rotwildgeheges empfehlenswert, wo im Oktober während der Hirschbrunft die Rudelbildung zu beobachten ist.

❷ **Bergwanderung:** Fall – Dürrachtal – Demeljoch, 1.923 m

Ausgangspunkt: Fall
Parken: im Ort
Höhenunterschied: 1.150 m
Wanderzeit: 7 Std.
Schwierigkeitsgrad: mittel!
Einkehr: in Fall

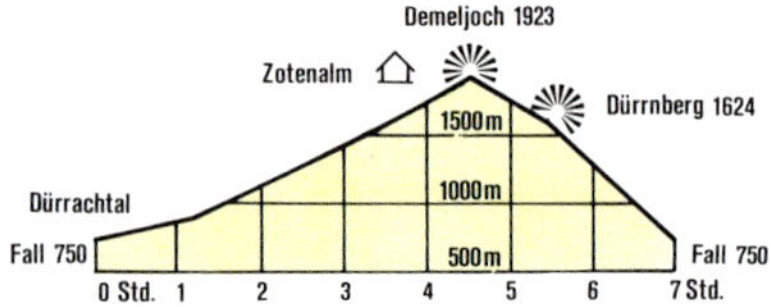

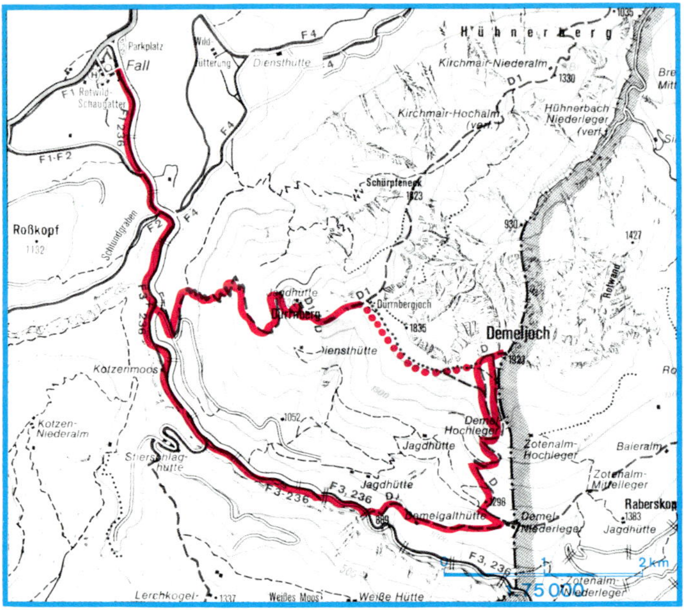

Tourenverlauf: Da es bei dieser Wanderung keine bewirtschaftete Schutzhütte als Stützpunkt gibt, ist auf die Mitnahme von genügend Getränken zu achten! Von Fall folgen wir der wenig steigenden Forststraße in das Dürrachtal (Richtung Gasthof Bächental). Nach 1¼stündigem Talmarsch biegt der Gipfelanstieg links auf einen vorspringenden Rücken ab. Schräg am Hang entlang ist die Demelalm unser nächstes Ziel. In weit ausholenden Kehren gewinnen wir nun schneller an Höhe. Der frühe Aufbruch macht sich bezahlt, denn die Sonne brennt heiß auf die Südflanke des Demeljochs. Von der Zotenalm rechnet man noch eine knappe Stunde bis zum prachtvollen Gipfel, der für alle Aufstiegsmühen weit entlohnt: Rofan und Karwendelgebirge sind zum Greifen nahe, im Norden dehnt sich unter dem Dunst das Alpenvorland aus. Als Abstiegsvariante bietet sich der Steig zum Dürrnberg, 1.624 m, an, von wo ein guter, jedoch steiler Pfad direkt in das Dürrachtal nahe am Stausee hinabführt.

❸ **Bergtour:** Rißtal – Tölzer Hütte, 1.828 m – Schafreiter, 2.100 m

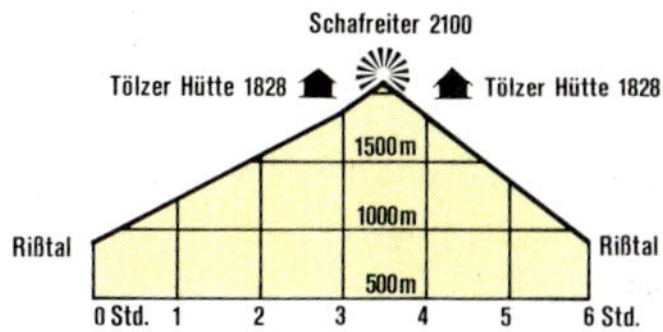

Ausgangspunkt: Vorderriß (Hinterriß)
Parken: beim Lecktal
Höhenunterschied: 1.150 m
Wanderzeit: 6 Std.
Schwierigkeitsgrad: mittel!
Einkehr: Tölzer Hütte

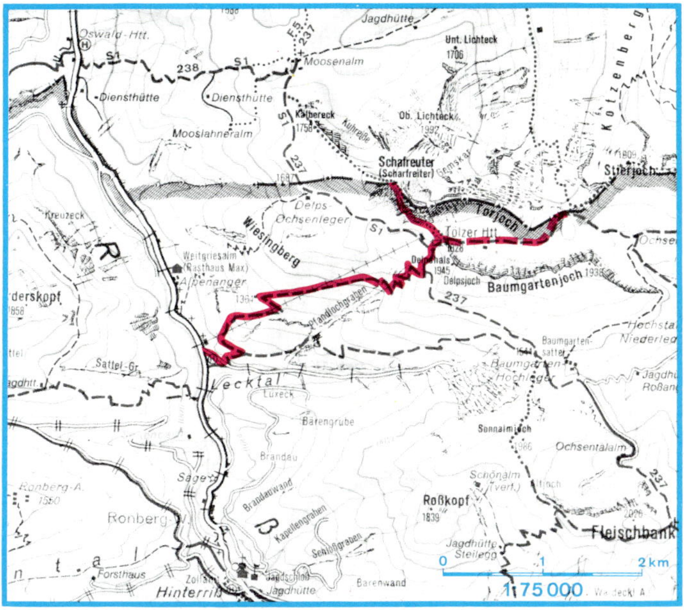

Tourenverlauf: Von Vorderriß benützt man die Mautstraße (Ausweisdokumente mitnehmen!) bis kurz nach der Weitgriesalm, wo sich an der Einmündung des Lecktals ein Parkplatz befindet (Bushaltestelle). Das erste Wegstück führt uns steil durch Hochwald bergan, bis wir zu den Felsschrofen am oberen Pfandlochgraben gelangen. Über Almmatten und vorbei an Latschengestrüpp führt uns der dreistündige Hüttenanstieg bis auf den Delpshals zum Schutzhaus (2¾ Std.). Als beliebter Hüttenausflug ist der Abstieg zum Delpsee sehr lohnend (½ Std.) . Wir wenden uns dem Hausberg der Tölzer Hütte zu, dem Schafreiter, den man bequem in ¾ Std. besteigen kann. Über den Grat führt uns der ausgetretene Steig durch felsiges Gelände empor. Die letzten Meter erklimmen wir durch eine Rinne, die mit Drahtseilen abgesichert ist. Der weite Blick in das Alpenvorland bestätigt den Ruf des Schafreiters als Aussichtsberg. Im Süden erblickt man die Laliderer Wände. Der Abstieg folgt dem Anstiegsweg hinunter in das Rißtal.

❹ **Bergwanderung:** Hinterriß – Rohntal – Rappenklammspitze, 1.835 m

Ausgangspunkt: Hinterriß
Parken: im Ort
Höhenunterschied: 910 m
Wanderzeit: 6 Std.
Schwierigkeitsgrad: mittel!

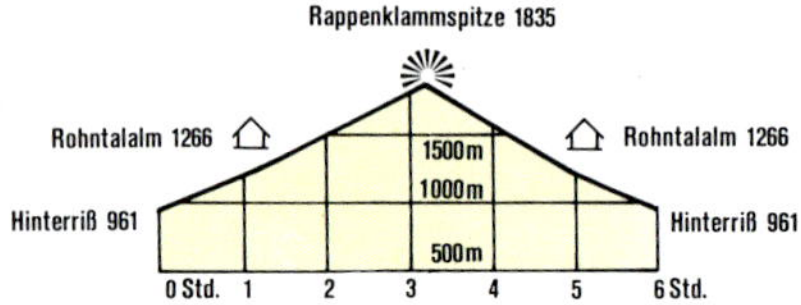

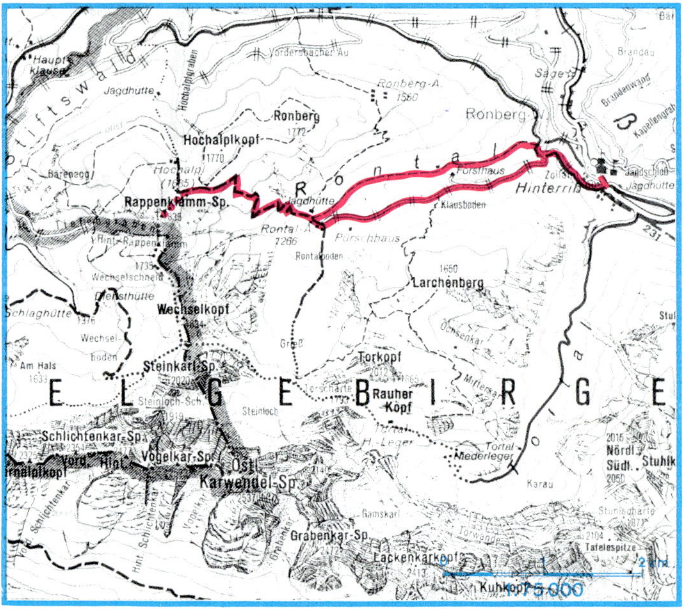

Tourenverlauf: Eine der einsamsten Wanderungen abseits der bekannten Steige führt uns von Hinterriß in das Rohntal. Bis zur Rohntalalm, 1.266 m, kann man entweder die Forststraße oder den gleichlangen Fußweg auf der Nordseite des Baches wählen. Nach dem ersten Aufschwung führt der Weg flacher werdend in das breite Tal, das ein niederer Rücken in zwei Teile gliedert. Über dem weiten Rohntalboden erheben sich aus den Latschenfeldern die schroffen Kämme und Grate der Nördlichen Karwendelkette (Östliche Karwendelspitze).

Durch die breite Waldschneise, die sich am westlichen Hang emporzieht, führt ein dürftiges Wiesensteiglein in 1½ Std. bis auf den Kamm zwischen Hochalpkopf und Rappenklammspitze. Auf der Höhe angelangt, wenden wir uns nach Südwesten, bis man nach rechts über den kurzen, steinigen Grat auf die Spitze steigen kann. Vom Gipfel bietet sich ein hervorragender Blick auf die Soiernspitze und auf die Karwendelkette.

5 Wanderung: Hinterriß – Johannestal – Falkenhütte, 1.864 m – Laliderer Tal – Hinterriß

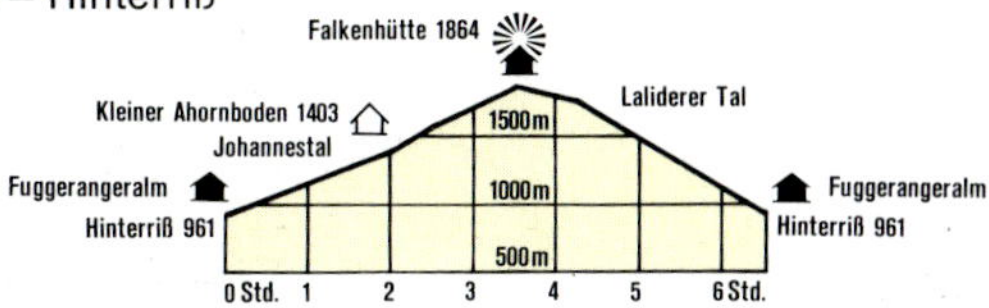

Ausgangspunkt: Hinterriß
Parken: Fuggerangeralm
Höhenunterschied: 900 m

Wanderzeit: 6–7 Std.
Schwierigkeitsgrad: mittel!
Einkehr: Falkenhütte
Karte: siehe Seite 32

Tourenverlauf: Der ausdauernde Geher wird seine Freude an dieser Prachttour im Herzen des Karwendels haben, denn zwei unberührte Täler mit ständig wechselnder Szenerie werden erwandert. Von dem Parkplatz am Rißbach (grüne Hinweisschilder) gehen wir über die Brücke rechts auf den Fahrweg (Fahrverbot), auf dem wir hoch über der Klamm des Johannesbaches taleinwärts marschieren. Nach der Brücke über den Johannesbach mündet von rechts (von Hinterriß) der AV-Steig (Markierung 231) ein, dessen Markierung uns bis zum Kleinen Ahornboden begleitet. Hier wurde inmitten seiner geliebten Bergwelt dem Er-

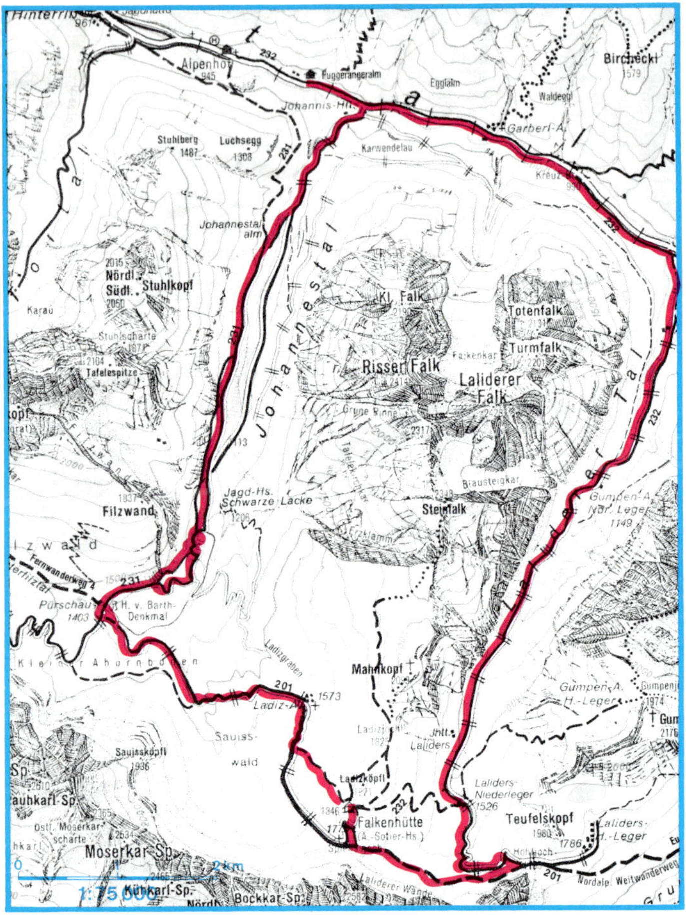

forscher des Karwendelgebirges, Hermann von Barth, ein Denkmal gesetzt. Vom Denkmal führt ein guter Fahrweg zur Ladizalm empor, einer kleinen verträumten Almhütte, über der sich die Grate (Herzogkante) und kahlen Felsen der Vomper Kette erheben. Nach der Alm ist der Abkürzungsweg empfehlenswert, der direkt zur Falkenhütte empor leitet. Nach der Einkehr und Stärkung begleiten uns die glatten Laliderer Wände zur Rechten am Weiterweg in Richtung Hohljoch. Dort treffen wir auf den Fahrweg, dem wir hinunter zum Laliders-Niederleger folgen. Während der nächsten Gehstunde wird unsere Aufmerksamkeit von den Gipfelfluchten des Steinfalk, Laliderer Falk, Turmfalk und Totenfalk erregt, ehe wir die Mautstraße betreten, auf der wir noch vier Kilometer bis zum Ausgangspunkt zurücklegen.

6 Bergtour: Eng – Hohljoch, 1.795 m – Falkenhütte, 1.864 m – Mahnkopf, 2.093 m

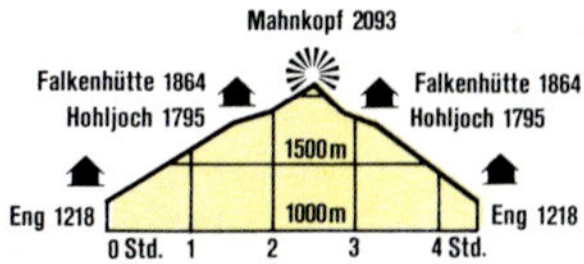

Ausgangspunkt: Eng
Parken: Eng
Höhenunterschied: 880 m
Wanderzeit: 4½ Std.
Schwierigkeitsgrad: leicht!
Einkehr: Falkenhütte, Eng

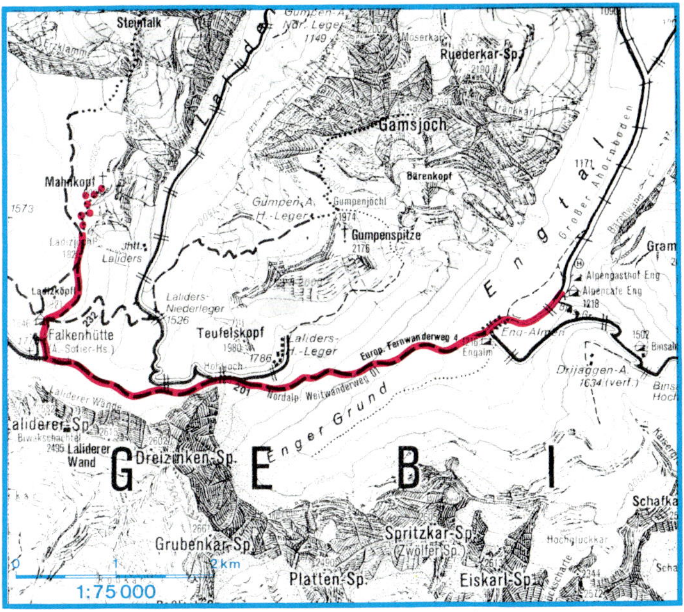

Tourenverlauf: Vom geräumigen Parkplatz in der Eng spazieren wir am Europäischen Fernwanderweg Nr. 4 hinauf zum Hohljoch, 1.795 m. In wenigen Minuten spaziert man am ebenen, asphaltierten Weg hinüber zu den drei Reihen der Engalmen. Hier endet der Spaziergänger-Verkehr und wir biegen hinter der Engalm rechts auf den breiten Pfad ein, der vorerst über Almwiesen, später durch zahlreiche Latschengruppen und an sanften Wiesenmulden vorbei in gleichmäßiger Steigung bergan führt. Wir erreichen nach 1½ Stunden das Hohljoch, wo sich vor unseren Augen die Pracht der Laliderer Wände entfaltet. Auch bei regnerischem Wetter, wenn die Felsfluchten in die Wolken streben, ist der Anblick atemberaubend. Unter diesen Felsen windet sich der gute Steig durch die weite Schuttreise dem Spielissjoch entgegen, wo auf einer begrünten Kuppe die Falkenhütte zur Einkehr lädt. Wer einen kleinen Abstecher machen will, kann in gut einer Stunde auf den nördlich gelegenen Mahnkopf steigen (leichte Gipfelkletterei, Trittsicherheit von Vorteil). Auch von hier ist der Anblick der Laliderer Wände beeindrukkend. – Rückweg wie Anstieg zur Falkenhütte und zur Eng.

7 **Bergtour:** Eng – Lamsenjochhütte, 1.953 m – Lamsenspitze, 2.508 m

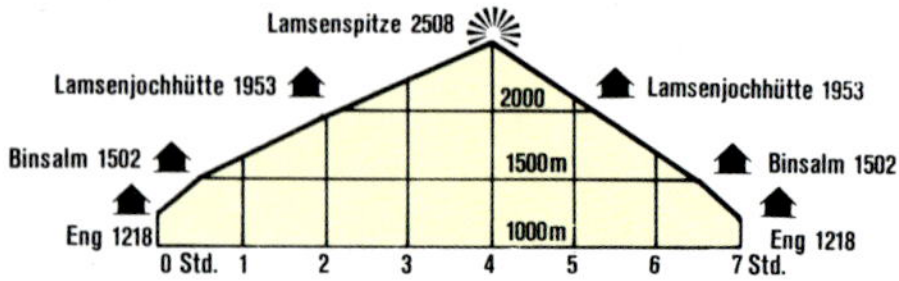

Ausgangspunkt: Eng
Parken: Parkplatz Eng
Höhenunterschied: 1.290 m
Wanderzeit: 7 Std.

Schwierigkeitsgrad: zur Hütte leicht! Gipfel nur für Geübte!
Einkehr: Alpengasthof und Alpencafe Eng, Binsalm, Lamsenjochhütte

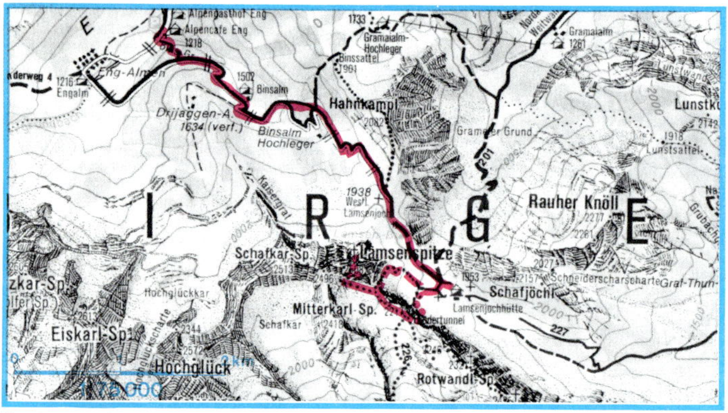

Tourenverlauf: Vom großen Parkplatz am Ende der Mautstraße in die Eng geht es gleich nach der Brücke links zuerst entlang des Grabens, dann durch die Baumgruppe hinauf zum Fahrweg (nur für Geübte!, der bequeme Weg führt von der Engalm in 55 Minuten hinauf; auch Jeepverbindung), auf dem wir nach ½ Std. die Hütten der Binsalm erreichen. Nun öffnet sich das Gebirgsrund vom Hahnkampl, 2.082 m, zur Linken über das Lamsenjoch, Lamsenspitze, Schafkarspitze und Kaisergrat im Süden. Den Straßenverlauf beim Binsalm Hochleger kürzen wir ab, um so etwa zehn Minuten zu sparen. Gemütlich gibt sich der Weiterweg über das Lamsenjoch (Kreuz, Blick ins Falzturntal), von wo wir in fünfzehn Minuten am Hang entlang zur Lamsenjochhütte gelangen. Über das Schuttfeld steigen wir zur senkrechten Felswand hinüber, wo ein ausgesetzter Klettersteig zum Brudertunnel führt. Nach dieser gigantischen Felshöhle erreichen wir die andere Seite des Kamms und wenden uns nach rechts und wandern über Schutt in den westlichen Winkel des Kars. An den Geübten stellt die Begehung des gut gesicherten Steiges kaum Anforderungen, trotzdem ist wegen der Ausgesetztheit Vorsicht am Platze. Nach zweistündigem Gipfelanstieg (von der Hütte) erreichen wir den 2.508 Meter hohen Gipfel. Weit schweift unser Blick über die Zinnen und grauen Wände des Karwendels. Im Gegensatz dazu stehen die grünen Wälder im Süden, in den Tuxer Voralpen, hinter denen der Firn der Zillertaler Alpen leuchtet. Im Osten erblickt man im Rofangebirge die höchste Erhebung, den Hochiß, 2.299 m. Am Anstiegsweg (und statt durch den Brudertunnel schon vorher links über die Lamsscharte) treten wir den Abstieg an.

8 **Wanderung:** Eng/Haglhütten – Plumsjochhütte, 1.630 m

Ausgangspunkt: Eng/Haglhütten
Parken: Haglhütten
Höhenunterschied: 565 m
Wanderzeit: 3½ Std.
Schwierigkeitsgrad: leicht!
Einkehr: Plumsjochhütte

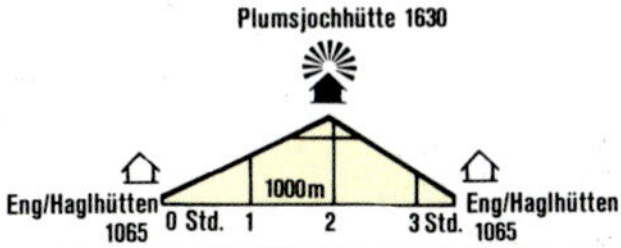

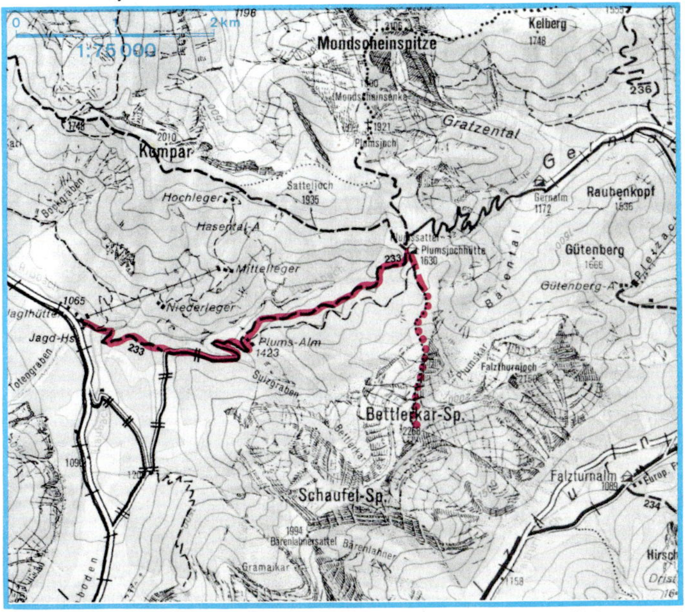

Tourenverlauf: Zwei Kilometer nachdem wir das Laliderer Tal passiert haben, weitet sich der Talboden und wir erreichen die Haglhütten. Neben der Straße stellt man das Fahrzeug ab und überquert den Bach, der AV-Markierung 233 folgend. Nach 15 Minuten erreicht man einen Fahrweg, der zur Plumsalm, 1.423 m, hinauf leitet. Der breite Weg zieht sich nun stetig steigend am Plumsbachgraben höher. Nach knapp zwei Stunden stehen wir am Plumssattel. Auf der anderen Seite geht es steil hinunter in das Gerntal und zum Achensee. Nach der Einkehr kann man einen kleinen Ausflug bis zum Plumsjoch, 1.921 m, unternehmen, das am Weg zur Mondscheinspitze liegt. Der Geübte kann, sofern er früh genug unterwegs ist, die südlich der Plumsjochhütte gelegene Bettlerkar Spitze, 2.268 m, in zwei Stunden ersteigen (lohnende Aussicht zum Achensee und zum Rofangebirge!). Am Anstiegsweg kehrt man wieder über die Plumsalm zu den Haglhütten hinunter zurück.

9 **Bergwanderung:** Krün – Soiernhaus, 1.613 m

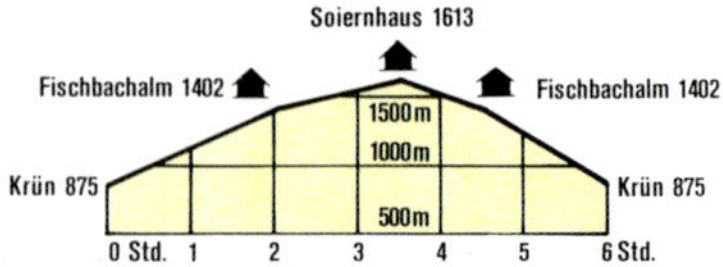

Ausgangspunkt: Krün
Parken: Isarbrücke
Höhenunterschied: 740 m
Wanderzeit: 6 Std.
Schwierigkeitsgrad: leicht!
Einkehr: Fischbachalm, Soiernhaus
Karte: siehe Seite 37

Tourenverlauf: Vom östlichen Ortsrand Krüns, nach dem Isarkanal und der Isarbrücke, führt eine breite, bequeme Straße (Fahrverbot, Schranken) in zwei Stunden zur Fischbachalm empor. Hier können wir zwei Anstiegswege wählen: der bequemere und auch für Kinder besser geeignetere folgt dem Fahrweg bis zum Fischbach. Von dort geht es steil den Osthang hinauf, am Wasserfall vorbei zum Sattel, wo die obere Hütte, das Soiernhaus, 1.613 m, steht. Der landschaftlich prachtvolle Lakaiensteig ist nur dem Geübten zu empfehlen, da Trittsicherheit und Schwindelfreiheit im ausgesetzten Gelände benötigt werden. Unterhalb des ehemals königlichen Jagdhauses laden die beiden Soiernseen zur Rast ein, eher wir den Rückweg antreten. – Als kleiner Hüttenausflug ist der Spaziergang zur Lacke, einem kleinen See am Weg zur Soiernspitze, empfehlenswert ($^1/_2$ Std.).

10 **Höhenwanderung:** Soiernhaus, 1.613 m – Soiernkessel-Umrahmung

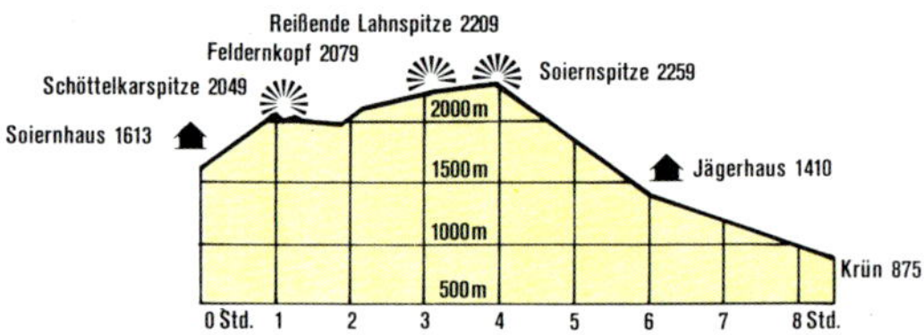

Ausgangspunkt: Soiernhaus
Höhenunterschied: 1.385 m
Wanderzeit: $8^1/_2$ Std.
Schwierigkeitsgrad: mittel!
Einkehr: Soiernhaus, Jägerhaus

Tourenverlauf: Wie bei der Wanderung Nr. 9 beschrieben, erreicht man das Soiernhaus, wo man übernachtet. Der Geübte kann auch die recht lange Tour (An- und Abstieg nach Krün, Gipfelbesteigungen) an einem Tag begehen (etwa 11 Std.). Vom Schutzhaus wandern wir westwärts an vereinzelten Fichten und Latschenfeldern (dazwischen wird ein Schuttkar gequert) in einer Stunde zur Schöttelkarspitze, 2.049 m, empor, deren Gipfel wir zuletzt am Grat erreichen. Vom Gipfel geht es bis zum Wegweiser zurück, wir queren die Südflanke bis zum Sattel, von dem wir durch eine Rinne zum Feldernkreuz, 2.047 m, aufsteigen. Über die gebankten Kalkstufen steigen wir zum prachtvollen grasbewachsenen Kamm ab, dem wir zur nächsten Erhebung, dem Feldernkopf,

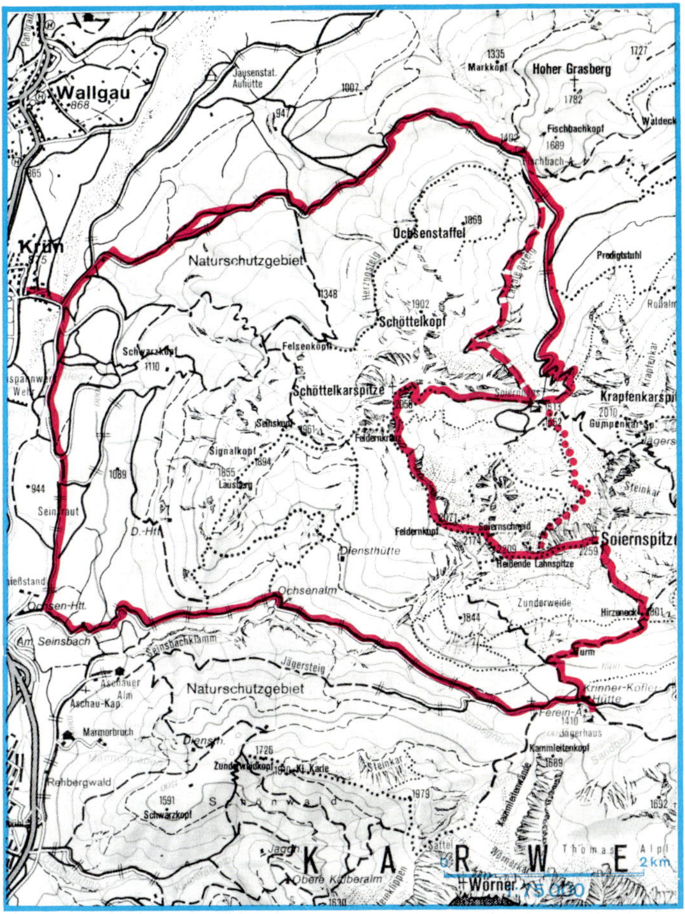

2.079 m, folgen. Am Weg über die Soiernschneid erwartet uns die Schlüsselstelle der Gratwanderung: ein steiler Grataufschwung muß überwunden werden, ehe wir von Süden her die Reißende Lahnspitze erklimmen. Nun geht es wieder ein Stück hinab zur Scharte, und dem Grat (oder rechts unterhalb haltend) folgend zur Soiernspitze, 2.259 m (von der Hütte 4 Std., der Direktanstieg dauert etwa 2 Std.). Im Abstieg wählen wir den nach Süden ziehenden Kamm zum Jöchel, 1.788 m, und von dort zum Jägerhaus, 1.410 m (2 Std. vom Gipfel). Am langen Fahrweg durch das Seinsbachtal wandern wir hinaus zur Seinsalm. Von dort geht es oberhalb des Schießstandes und des Isarstausees zur Hüttlebachklamm und nach Krün (2½ Std.).

⑪ **Wanderung:** Krün – Aschauer Alm, 1.020 m – Mittenwald

Ausgangspunkt: Krün-Ortsmitte
Parken: bei der Kirche
Höhenunterschied: 150 m
Wanderzeit: 2 Std.
Schwierigkeitsgrad: leicht!
Einkehr: Aschauer Alm, Gasthaus Marmorbruch

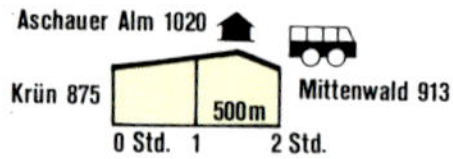

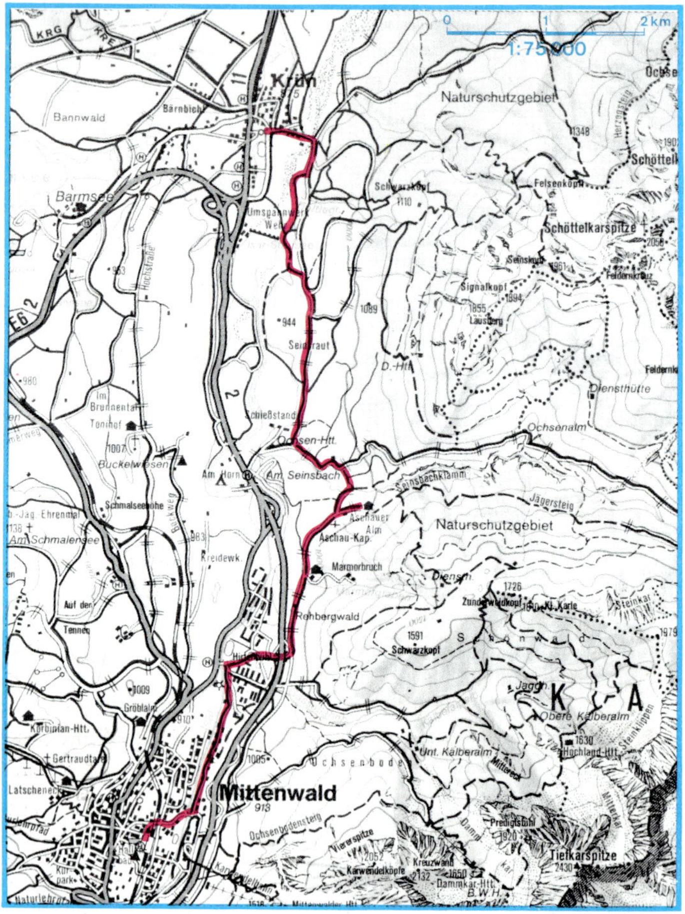

Tourenverlauf: Die Wanderung beginnt an der Krüner Kirche, wo man der ostwärts abzweigenden Straße folgt. Über den Isarkanal und oberhalb am Fußballplatz vorbei erreicht man nach Überqueren des meist ausgetrockneten Isarbettes den Fuß der Schöttelkarspitze, wo sich der Weg gabelt. Dort nimmt man rechts die Forststraße, die man jedoch etwa 300 m weiter verläßt und auf den abwechslungsreicheren Fußweg entlang der Isar abzweigt. Kurz nach Erreichen des Isarstausees wendet man sich links und stößt bald wieder auf den Forstweg. Nach einer kurzen Steigung verläuft der Weg nun ziemlich eben durch eine prachtvolle Waldlandschaft mit vielen kleinen Rinnsalen. Südlich des Bundeswehr-Schießstandes kommt man zu einer Wegkreuzung. Links geht es vorbei an der tiefen Seinsbachklamm auf dem steil bergan führenden Güterweg weiter. Etwa 50 m nachdem der Weg wieder ebener geworden ist, biegt man rechts auf einen Fußweg ab, der hinab zum nahen Seinsbach führt. Diesen überquert man auf einer kleinen Brücke und ist wenig später am unteren Rand der Aschauer Alm. Bei einer Kapelle führt links ein Weg zum Almgebäude. Wir folgen jedoch rechts dem Güterweg abwärts, der uns vorbei am Gasthaus Marmorbruch zur Unterführung der Mittenwalder Umfahrungsstraße bringt. Weiter geht es entlang der Straße bis westlich der Kasernen (Mulidenkmal), wo man am besten links den Weg entlang der Isar nach Mittenwald nimmt. Rückfahrmöglichkeit nach Krün mit dem Bus.

Lautersee bei Mittenwald

12 **Wanderung:** Mittenwald – Kranzberg, 1.391 m – Ferchensee – Lautersee – Lainbachtal – Mittenwald

Ausgangspunkt: Mittenwald
Parken: Talstation oder im Ort
Höhenunterschied: 480 m
Wanderzeit: 2½ Std.
Schwierigkeitsgrad: leicht!
Einkehr: Kranzberghaus, Ferchensee, Lautersee

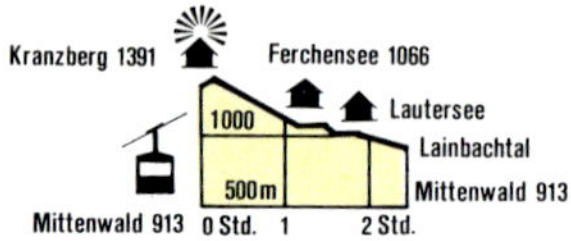

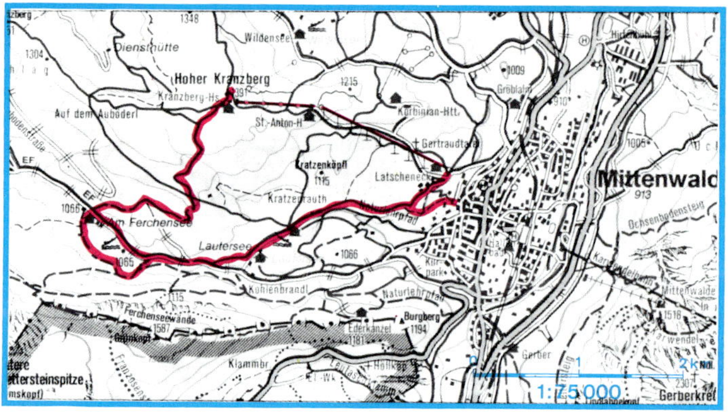

Tourenverlauf: Nachdem man mittels Sessellift und Kabinenbahn zum Kranzberghaus hinauf gelangt ist, lohnt der kurze Anstieg zum Gipfel (Unterstandshütte, schöner Tiefblick zum Wildensee, nach Wallgau, zur Soierngruppe und zum Estergebirge). Vom Kranzberghaus folgt man dem grünen Wegweiser (Ferchensee-Lautersee) nach Westen. Kurz nach einer Bank zweigt man bereits nach fünf Gehminuten links ab und wandert am gepflegten Waldweg unter Buchenbäumen abwärts. Die Abzweigung direkt hinunter zum Lautersee lassen wir nach der Bachüberquerung außer acht und folgen rechts haltend dem Steig, bis wir bei einer Kehre eine Fahrstraße erreichen (Bank, Blick zum Ferchensee). Gleich von der Kehre weg geht es links hinunter und durch die blumenreiche »Parklandschaft« zum See, den wir unweit des Gasthofes erreichen. Nun kann man an beiden Seiten den See umrunden und anhand der guten Wegbezeichnung den Abstieg zum Lautersee nicht verfehlen, den wir zuletzt über einige Serpentinen absteigend erreichen. Entlang des Fahrwegs spazieren wir am nördlichen Seeufer am Schwimmbad vorbei zur großen Wiese, wo man (beim Turmfalken) auf den Waldlehrpfad einschwenkt. Nun geht es links dem Lainbachtal zu. Nach der Abzweigung zum Mittereck (rechts über eine Brücke), kann man bei der nächsten Weggabelung links zum Latscheneck wandern (Parkplatz bei der Talstation) oder direkt durch die romantische Klamm nach Mittenwald absteigen. An heißen Sommertagen lohnt sich der Sprung ins kühle Naß, wobei die Lage und Umgebung des Ferchensees lohnender ist, als der oft stark besuchte Lautersee.

13 **Bergtour:** Mittenwald – Hochlandhütte, 1.630 m – Dammkarhütte, 1.650 m – Mittenwald

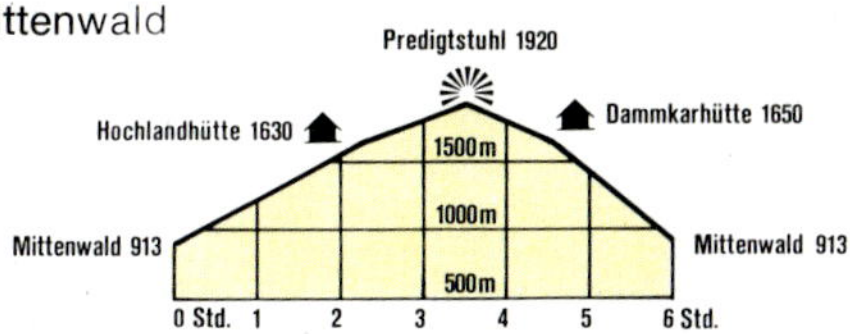

Ausgangspunkt: Mittenwald
Parken: Parkplatz der Karwendel-Seilbahn
Höhenunterschied:

Wanderzeit: 6 Std.
Schwierigkeitsgrad: mittel!
Einkehr: Hochlandhütte, Dammkarhütte

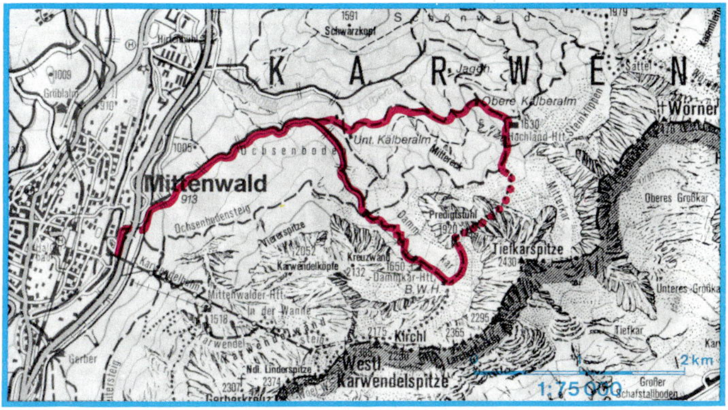

Tourenverlauf: Von der Talstation der Seilbahn folgt man der Straße etwa 200 m weiter in nördlicher Richtung bis zur Unterführung der Bundesstraße. Unter der Brücke hindurch geht es nun links oberhalb der Straße entlang bis über den Gassellahnbach. Dort folgt man dem rechts abzweigenden Fußsteig, der hinauf zu einem Güterweg führt. Angenehm ansteigend führt dieser bis zu einer Weggabelung, wo rechts über den Bach der Weg zur Unteren Kälberalm abbiegt. Wir jedoch halten uns links und nehmen den am Kälberalpelbach entlang verlaufenden Steig. Nach etwa 20 Minuten überquert man auf zwei Baumstämmen den Bach und steigt anschließend ziemlich steil zu einer Wiese empor. Nach einer Serpentinengruppe gelangen wir zur Oberen Kälberalm, von wo man in 10 Minuten die von der Wörnerspitze überragte Hochlandhütte erreicht. Nach der Rast geht es durch Latschenfelder unterhalb des Mitterkars und steil am Fuß der Tiefkarspitze vorbei zum Predigtstuhl (nur für Geübte, bei Schnee abzuraten!). Jenseits führt der Weg über grasdurchsetzte Felsen hinunter in das Dammkar (Vorsicht bei Nässe!). Dort trifft man auf den von der Seilbahn herabziehenden Weg, dem man durch die Schuttlandschaft hinunter zur Dammkarhütte folgt. Von dort kann man entweder über die Serpentinen am Latschenhang (Normalweg) oder durch das sogenannte Kanonenrohr (Abkürzung) zur Talsstation der Materialseilbahn absteigen. Von dort dauert es etwa eine Stunde bis zum Ausgangspunkt.

14 **Mittenwalder Höhenweg:** Karwendelbahn – Linderspitzen – Tiroler Hütte, 2.153 m – Brunnsteinhütte, 1.560 m – Mittenwald

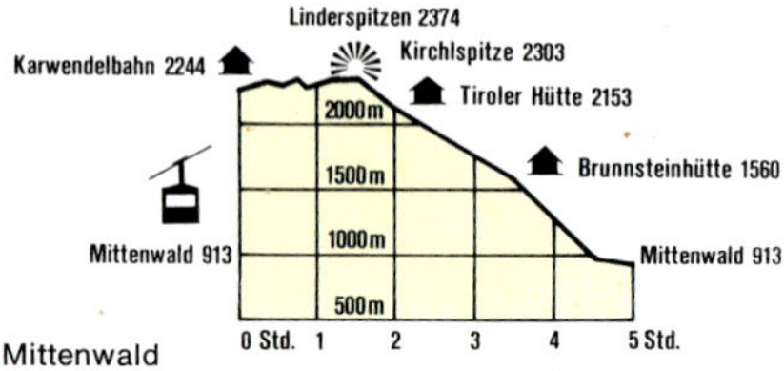

Ausgangspunkt: Mittenwald
Parken: Talstation Karwendelbahn
Höhenunterschied: 1.460 m
Wanderzeit: 5 Std.
Schwierigkeitsgrad: nur für Geübte!
Einkehr: Karwendelbahn, Tiroler Hütte, Brunnsteinhütte

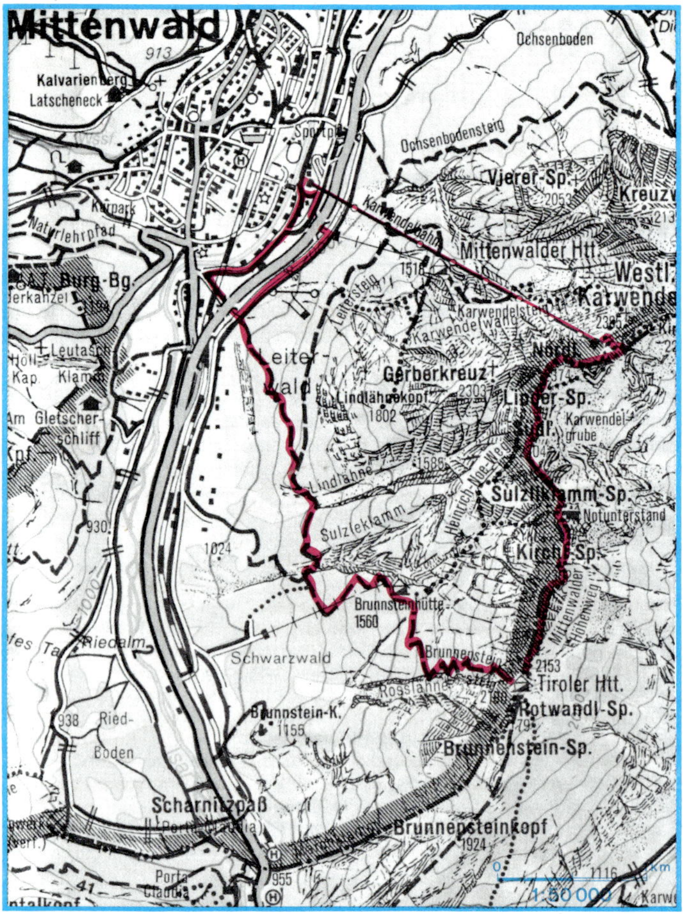

Tiroler Hütte

Tourenverlauf: Die Hochtour beginnt mit der Bergfahrt der Karwendelbahn. Nachdem wir die Bergstation verlassen haben, wandern wir unter der Westlichen Karwendelspitze vorbei, um den kleinen Karkessel herum und gelangen zur Nördlichen Linderspitze, 2.374 m. Dort beginnt der eigentliche Höhenweg, der teilweise sehr »luftig« dem Grat entlangführt. Schwierige Stellen sind mit Drahtseilen gesichert und mit Leitern versehen. Über die Mittlere gelangt man zur Südlichen Linderspitze, 2.306 m, und dem Oberen Sulzleanger, wo der Heinrich-Noe-Weg abzweigt, dem wir aber nicht folgen. Kurz darauf wird eine kleine Unterstandshütte erreicht. Hier wendet sich der Weg zur Ostseite der Sulzleklammspitze (im Frühjahr steiles Schneefeld, Vorsicht!). Über einen begrünten Hang kehren wir wieder zum Grat zurück, dem man weiter über die Kirchlspitz, 2.303 m, zum Brunnsteinanger folgt. Oberhalb der Weide steht die kleine Tiroler Hütte, 2.153 m, die zur Rast lädt (keine Übernachtungsmöglichkeit). Von der Hütte geht es auf vielen Serpentinen über einen Latschenhang hinab bis zum Waldrand, wo die idyllische Brunnsteinhütte liegt. Der weitere Abstieg führt auf dem bequemen Weg durch den Wald hinab, vorbei an der Abzweigung des Leitersteigs, bis zu einer Weggabelung, wo links der Steig nach Scharnitz abbiegt. Hier halten wir uns rechts, durchqueren den Fuß der Sülzleklamm und wandern über den üppig bewachsenen Schuttkegel zu einem Güterweg, dem man an Wiesen entlang zur Unterführung der B 2 (nahe Gasthof Gerber) folgt. Dort kann man entweder links in den Ort abzweigen oder geradeaus auf einem Güterweg parallel zur Bundesstraße zur nächsten Unterführung gehen, wo man wenig später die Talstation der Seilbahn erreicht.

⑮ **Bergtour:** Mittenwald – Große Arnspitze, 2.196 m – Scharnitz

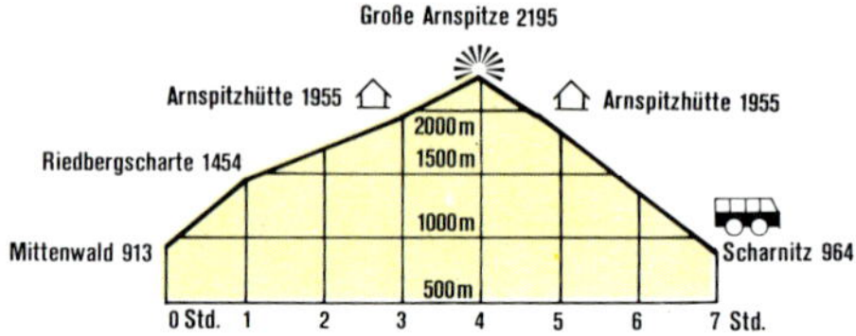

Ausgangspunkt: Mittenwald, Tennisplatz am südlichen Ortsende
Parken: beim Tennisplatz

Höhenunterschied: 1.280 m
Wanderzeit: 7 Std.
Schwierigkeitsgrad: mittel!

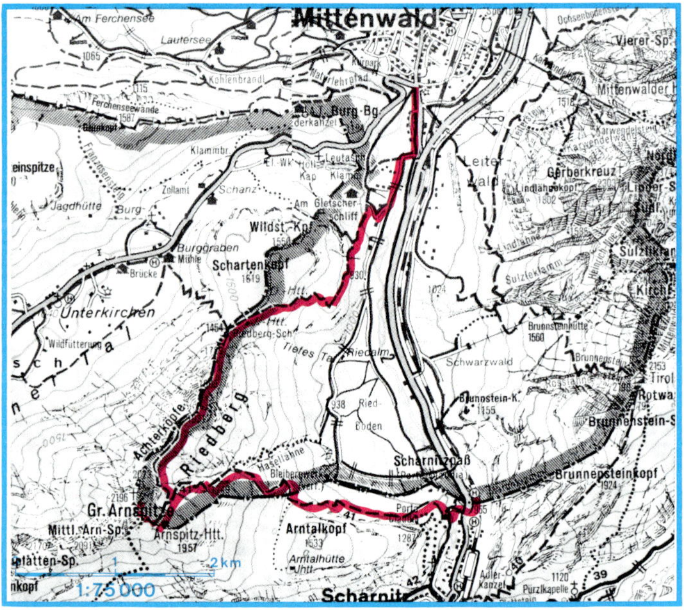

Tourenverlauf: Nachdem man sein Fahrzeug beim Tennisplatz abgestellt hat, folgt man dem Güterweg in Richtung des Isar-Riedes. Etwa 300 m weiter biegt man jedoch rechts zum Gasthaus Gletscherschliff (Hinweistafel) ab. Durch herrlichen Wald geht es bis kurz vor das Gasthaus. Man zweigt dann links auf den markierten Wanderweg ab. Nach etwa 1 Std. Aufstieg ist die Riedbergscharte erreicht, wo ein Steig von Unterleutasch heraufführt. In zahlreichen Kehren windet sich der Weg nunmehr empor zum Ersten Achterkopf, 1.729 m, wo sich bereits ein herrlicher Rundblick auf das Karwendelgebirge im Osten und das Wettersteingebirge im Westen bietet. In einem abwechslungsreichen Auf und Ab geht es weiter bis zum Fünften Achterkopf. Von dort quert man unterhalb der nächsten Achterköpfe bis zu einer kleinen Unterstandshütte, die in einer Mulde an der Ostschulter der Arnspitze liegt. Nach einer kurzen Rast und Deponierung des Rucksacks steigt man in etwa 1 Std. auf den aussichtsreichen Gipfel der Großen Arnspitze. Als Abstiegsweg empfiehlt sich der von der Hütte in östlicher Richtung über die Porta Claudia hinabführende Steig, der am Südende des Riedbodens endet. Mit dem Bus kehrt man nach Mittenwald zurück.

16 **Wanderung:** Scharnitz – Karwendelsteg – Scharnitzer Alm, 1.000 m – Scharnitz

Ausgangspunkt: Scharnitz-Ortszentrum
Parken: Bei der Kirche oder Isarbrücke
Höhenunterschied: 200 m
Wanderzeit: $2^1/_2$ Std.
Schwierigkeitsgrad: leicht!
Einkehr: Gasthaus Wiesenhof

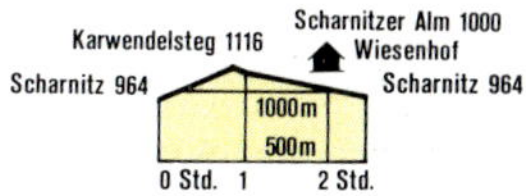

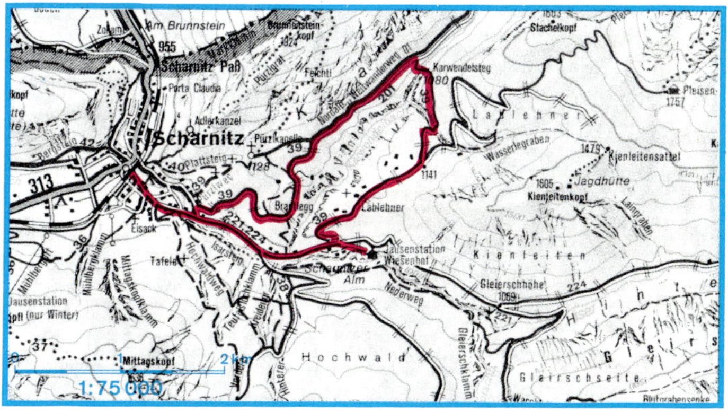

Tourenverlauf: Von Scharnitz folgt man zunächst dem bei der Kirche ostwärts abzweigenden Sträßchen durch den locker bebauten Ort bis zur Isarbrücke (Parkplatz). Kurz darauf biegt man links ab und wandert auf dem Güterweg immer angenehm ansteigend in das reich bewaldete Karwendeltal, wo man unter den Felswänden häufig Gemsen beobachten kann. Etwa $^1/_2$ Std. nachdem das Sträßchen eben geworden ist, zweigt rechts ein Steig ab, dem man in einigen Serpentinen hinab zum Karwendelsteg folgt. Nach Überqueren der Brücke, die über den in einer engen Schlucht tosenden Karwendelbach führt, geht es ein kurzes Stück bergan bis zu einem Forstweg. Diesem folgt man und wandert angenehm durch Wald bis zu einer Weggabelung, wo links der Weg zur Pleisenhütte abzweigt. Wir jedoch nehmen den rechts abwärts führenden Güterweg, der uns vorbei an kleinen Waldwiesen zur Wegkreuzung oberhalb dem Gasthaus Wiesenhof führt. Auf einer breiten, aber wenig befahrenen Straße geht es nun rechts abwärts bis zum »Elektrizitätswerk«, wo der Karwendelbach in die Isar mündet. Auf diesem Wegabschnitt fesseln uns immer wieder Ausblicke in die südlich gelegenen Klammen, wie die Kreiden- und Teufelslochklamm, die man aus nächster Nähe auch vom Isarsteig aus bewundern kann. Vom E-Werk gelangt man ziemlich eben rechts entlang der Isar nach Scharnitz.

17 **Talwanderung:** Scharnitz – Karwendelhaus, 1.771 m (– Birkkarspitze, 2.749 m)

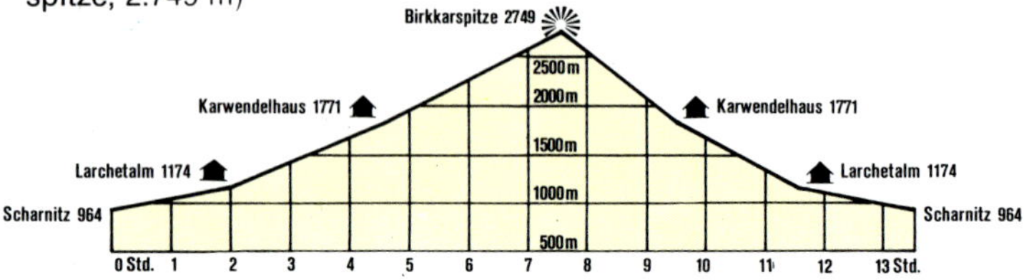

Ausgangspunkt: Scharnitz
Parken: im Ort
Höhenunterschied: 810 m

Wanderzeit: $13^1/_2$ Std.
Schwierigkeitsgrad: leicht! (Gipfel nur für Geübte!)
Einkehr: Larchetalm, Karwendelhaus

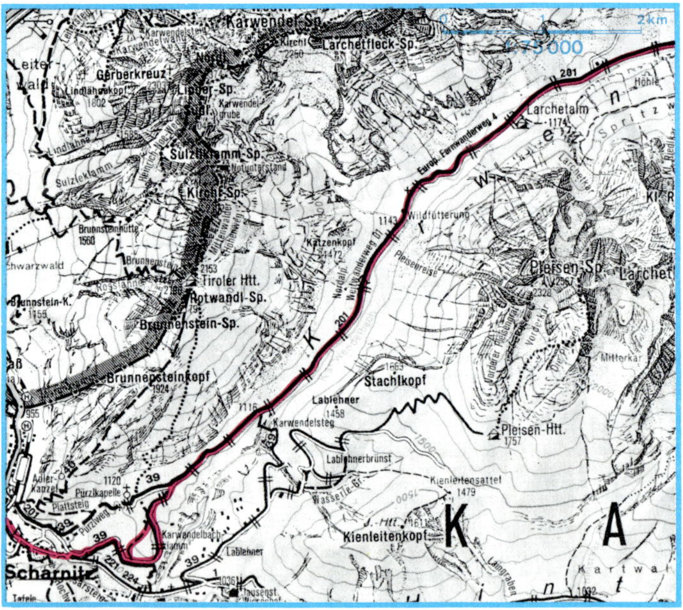

Fortsetzung: siehe Seite 47

Tourenverlauf: Von der Kirche wandern wir zur Isarbrücke. Nun verlassen wir das Bachbett und folgen der Fahrstraße bergan, die in das Karwendeltal führt. Nach der großen Kehre oberhalb der Karwendelbachklamm geht es am ebenen Weg weiter, bis bald nach rechts der Steig zum Karwendelsteg abzweigt. Wir verbleiben aber auf der nördlichen Talseite und erreichen nach etwa 2 Gehstunden die inmitten weiter Almwiesen gelegene Larchetalm. Am frühen Morgen gibt sich das Karwendeltal am einsamsten, wenn über dem frischen Tau die ersten Sonnenstrahlen über die Birkkarspitze blinken. Den steilen Hüttenanstieg kann man auf Abkürzungswegen schnell überwinden ($4^1/_2$ Std. von Scharnitz). Hat man eine Zweitagestour geplant, so wird man sicherlich

den höchsten Gipfel des Karwendels besteigen wollen. Vom Karwendelhaus steigen wir durch die Latschenfelder südwärts in das Schlauchkar an. Auf gutem Weg erreicht man den Sattel, wo der Unterstand Birkkarhütte zur Rast lädt. Die hervorragende Seilsicherung erleichtert den etwas ausgesetzten Anstieg über den Westgrat zum Gipfel (von der Hütte 3 Std.). Den Aufstiegsweg benützt man auch im Abstieg.

Scharnitz

(18) **Bergwanderung:** Scharnitz – Pleisenhütte, 1.757 m – Pleisenspitze, 2.567 m

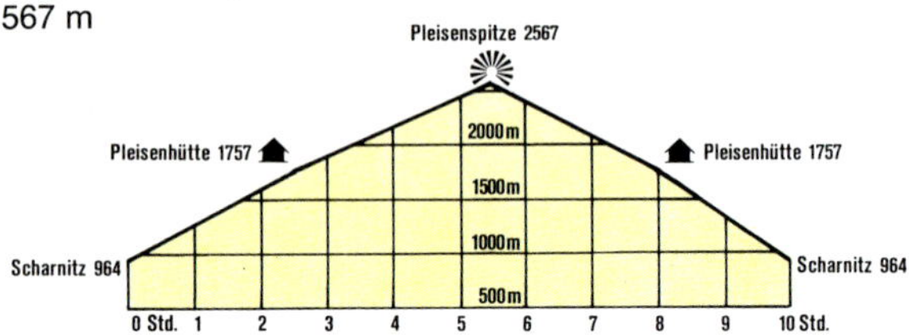

Ausgangspunkt: Scharnitz
Parken: im Ort
Höhenunterschied: 1.600 m

Wanderzeit: 10 Std.
Schwierigkeitsgrad: mittel!
Einkehr: Wiesenhof, Pleisenhütte

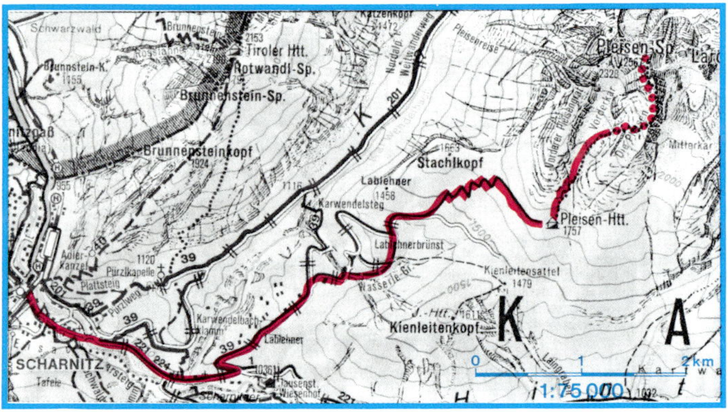

Tourenverlauf: Nachdem wir die Bahnunterführung in Scharnitz hinter uns gelassen haben, spazieren wir durch den Ortsteil Eisack der Isar entlang in Richtung Wiesenhof. Nach einer halben Stunde zweigt gegenüber von diesem Gasthof der Fahrweg ab, der steil hinauf zu einer Gehöftgruppe führt (Lablehner). Am oberen Rand der Mähder zweigt der Zugang zum Karwendelsteg ab. Beim Wegweiser bei dem kleinen Steinbruch steigen wir rechts weiter in den sogenannten Wasserlegraben. Nach der Brücke kann man die Abkürzung benützen, die zwar steil, aber doch gegen 20 Minuten Zeitersparnis bringt. Bei der Wegverzweigung etwa 1 Std. unterhalb der Hütte wenden wir uns links und erreichen am guten Weg die schon in der Latschenzone gelegene gastfreundliche Pleisenhütte. Der Gipfelanstieg zur Pleisenspitze (meist als Zweitagestour durchgeführt) beginnt hinter der Hütte und führt zunächst in das Vorderkar empor. Östlich wird der Südgrat erklommen, der bis zum Gipfel führt. Als großartiger Aussichtsberg hat die Pleisenspitze einen guten Namen: bis weit in das Alpenvorland und in das Herz des Karwendels (Bettelwurf, Praxmarerkarspitze u.a.) schweift unser Blick. Beim Abstieg heißt es auf das Auslösen von Steinschlag zu achten, die Entgegenkommenden werden es zu schätzen wissen. Am Anstiegsweg kehrt man in das Tal zurück.

19 **Talwanderung:** Scharnitz – Gleirschtal – Möslalm, 1.252 m (– Hafelekar, 2.269 m – Innsbruck)

Ausgangspunkt: Scharnitz
Parken: im Ort
Höhenunterschied: 290 m
Wanderzeit: 6 Std.
Schwierigkeitsgrad: leicht!
Einkehr: Möslalm
Anschlußkarte: zum Hafelekar siehe Seite 56

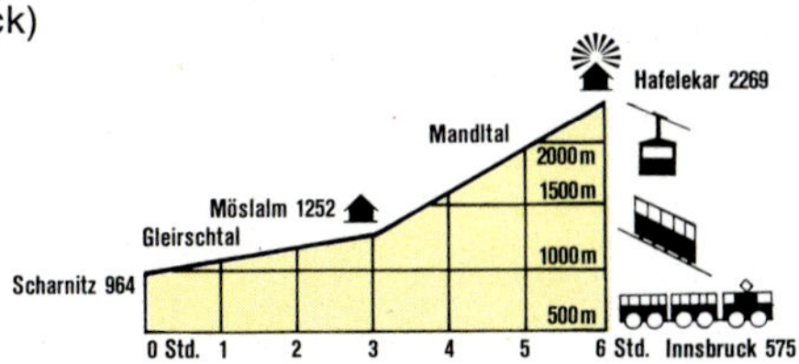

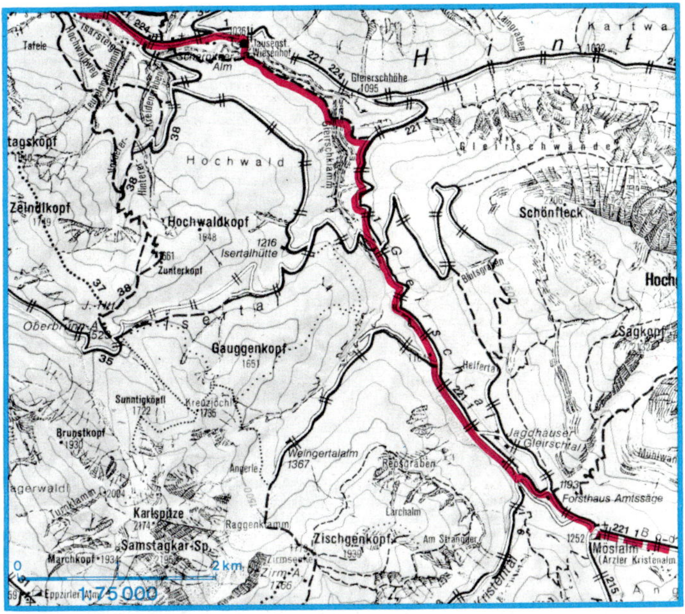

Tourenverlauf: Für Liebhaber einsamer Talwanderungen inmitten der beeindruckenden Größe der Karwendelberge bietet diese Wanderung immer neue Eindrücke. Von Scharnitz folgen wir dem Fahrweg ostwärts der Isar entlang zum Gasthof Wiesenhof. Beim Gasthof wenden wir uns dem Steg über die Isar zu und gelangen auf die andere Talseite. Ein stiller Steig führt uns bis zur Mündung des Gleirschbaches. Am Ausgang der Klamm führt ein Steg über den Bach. Nachher geht es ein kurzes Stück aufwärts bis zum Fahrweg. Immer dem Bach folgend gelangen wir zu einer Brücke, nach der sich die Wege teilen: rechts geht es durch das Große Kristental zum Solsteinhaus, 1.806 m (2 Std.), links oder geradeaus zur Möslalm. Besonders lohnend ist die weitere Fortsetzung des Weges im Herbst durch das Samertal rechts abzweigend in das Mandltal und zuletzt steil hinauf zum Hafelekar, oberhalb von Innsbruck. Mit der Seilbahn tritt man die Talfahrt an, gelangt mit der Stra-

ßenbahn von der Hungerburg-Talstation zum Bahnhof, von wo man mit der Karwendelbahn zum Ausgangspunkt zurückkehrt. – Der Tagesausflug von Scharnitz bis zur Möslalm wird am besten durch den Rückweg am Anstiegsweg beendet.

20 **Talwanderung:** Gießenbach – Eppzirler Alm, 1.459 m

Ausgangspunkt: Gießenbach
Parken: hinter dem Furnierwerk oder beim Gasthaus Maximilian
Höhenunterschied: 480 m
Wanderzeit: 3½ Std.
Schwierigkeitsgrad: leicht!
Einkehr: Eppzirler Alm

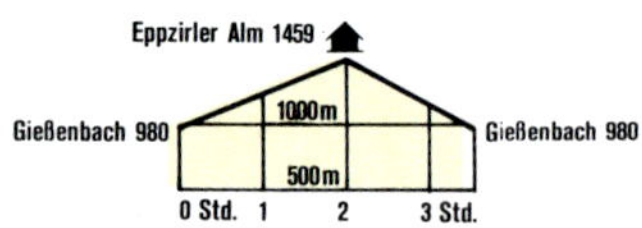

Tourenverlauf: Nach dem Passieren des Furnierwerkes Gießenbach folgt man dem zunächst über die Bahnlinie führenden Güterweg. Dieser verläuft immer ansteigend entlang des Gießenbachs, der von steilen Abhängen umrahmt wird. Nach dreimaligem Überschreiten des Wildbaches zweigt man rechts ab, quert nochmals den Bach und steigt nun steiler bergan bis zu einem bewaldeten Sattel. Wenig später breiten sich

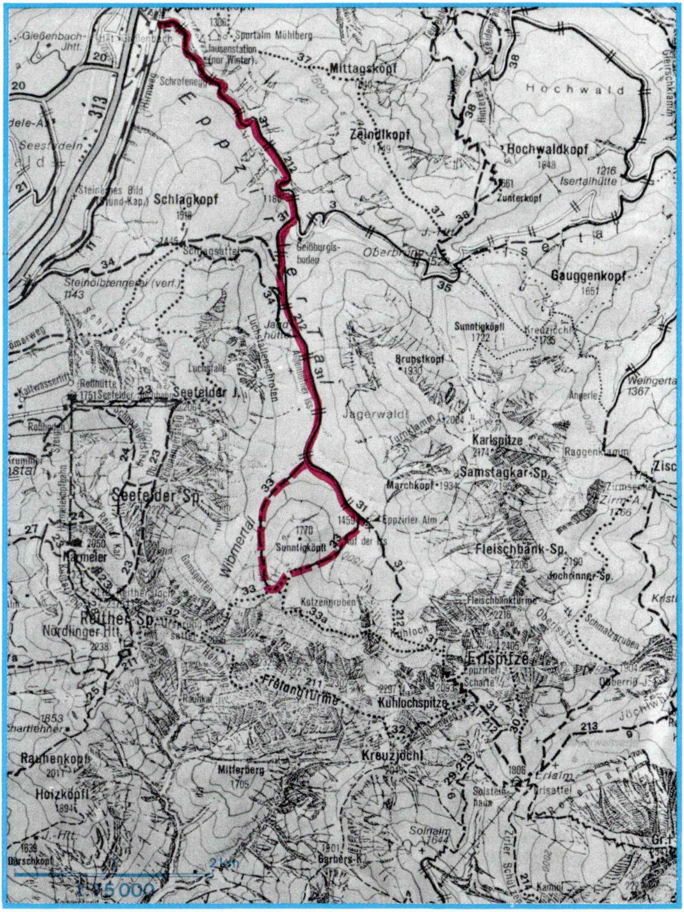

rechts bereits große Almweiden aus. Links sind im Wald Reste eines größeren Bauwerks aus dem Zweiten Weltkrieg zu erkennen. Etwa 20 Min. nach dem Sattel kommt man an einem großen Auffangbecken vorbei und folgt dem Schuttstrom an dessen rechter Seite. Nach weiteren 20 Min. quert man das Geröllfeld und betritt kurz darauf die eigentlichen Weideböden der Eppzirler Alm, zu der es nun nur mehr wenige Minuten sind. Dort sollte man unbedingt eine Rast einlegen und das prachtvolle Panorama mit seinen an die Dolomiten erinnernden Felszacken und Gipfel genießen. Wer auf dem Rückweg eine kleine Variante gehen möchte, kann über das Sunntigköpfl, 1.770 m, in das Wibmertal und von dort wieder zurück zum Aufstiegsweg gelangen.

21 **Höhenweg:** Seefeld – Seefelder Joch, 2.064 m – Reither Spitze, 2.372 m – Härmeler, 2.050 m – Seefeld

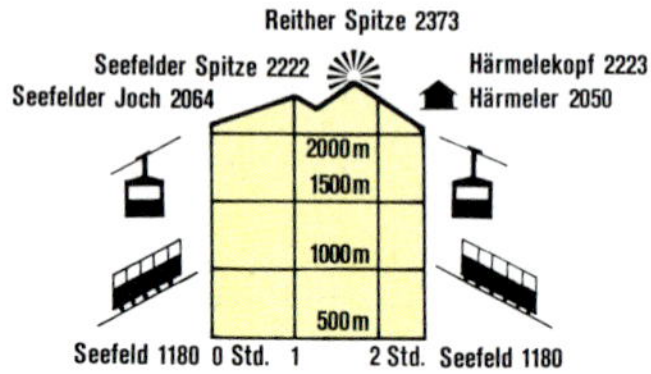

Ausgangspunkt: Seefeld
Parken: Talstation der Standseilbahn
Höhenunterschied: 330 m
Wanderzeit: 2½ Std.
Schwierigkeitsgrad: mittel!
Einkehr: Roßhütte, Härmeler
Karte: siehe Seite 53

Tourenverlauf: Für den verwöhnten Wanderer und Bergfreund bietet Seefeld in der reichhaltigen Palette des Wanderangebots unter anderem auch diese prachtvolle Höhenwanderung, die ihresgleichen sucht. Besonders durch die landschaftlichen Kontraste wird dieser Ausflug zum Erlebnis: vom Höhenweg dehnen sich zur Rechten die Wiesen und Wälder des Seefelder Plateaus, zur Linken erheben sich schroffe Kalkwände über den stillen Karwendeltälern. Den »Aufstieg« erleichtern wir uns durch die Benützung der Standseilbahn und der Seilbahn bis zum Seefelder Joch. Am breiten Kamm spazieren wir nun südwärts zur Seefelder Spitze empor. Auch im Abstieg folgen wir dem nun schmäler werdenden Kamm. Aus der Scharte steigen wir westlich in das Reither Kar hinunter. Im großen Bogen wird das Geröllfeld durchwandert, bis wir in den Sattel ansteigen, der zwischen Härmelekopf und Reither Spitze liegt. In etwa 20 Minuten kann man den lohnenden Abstecher auf die Reither Spitze unternehmen. Im Abstieg geht es in die Scharte zurück und jenseits zum Härmelekopf empor. Am bequemen Weg steigen wir zur Seilbahnstation am Härmeler hinunter, von wo wir die Talfahrt über das tief eingeschnittene Herrmannstal antreten.

22 **Wanderung:** Seefeld – Reitherjochalm, 1.500 m

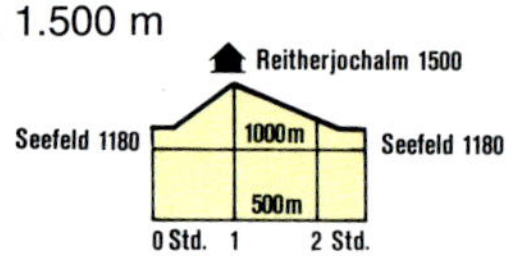

Ausgangspunkt: Seefeld
Parken: im Ort
Höhenunterschied: 320 m
Wanderzeit: 2½ Std.
Schwierigkeitsgrad: leicht!
Einkehr: Reitherjochalm

Tourenverlauf: Vom südlichen Ortsende Seefelds gelangt man über die Bahnlinie durch den Föhrenwald zur Umfahrungsstraße. Gegenüber beginnt ein Asphaltsträßchen (Fahrverbot), das zum Ichthyolwerk führt. Nach fünf Minuten mündet von rechts der Weg von Reith ein. Dort weist ein Schild nach links (»Reitherjochalm, Nördlinger Hütte«). Nach etwa 30 Metern teilt sich abermals der Weg: rechts biegt der alte, steile Weg in ¾ Std. zur Hütte ab, links führt die gute Fahrstraße in 1½ Std. zum selben Ziel. Wir wenden uns dem rot markierten, steilen Fußweg zu und gelangen bald an den Waldrand oberhalb des Baches. Vor der sichtbaren Wildbachverbauung biegen wir links hinauf ab und gelangen auf eine kleine Lichtung. Wenig später biegt der Weg rechts um (oberhalb oranges Vermessungszeichen). Nach einer halben Stunde kommt man bei einem Marterl vorbei. Nun ist es nicht mehr weit bis zur Hütte. Vor

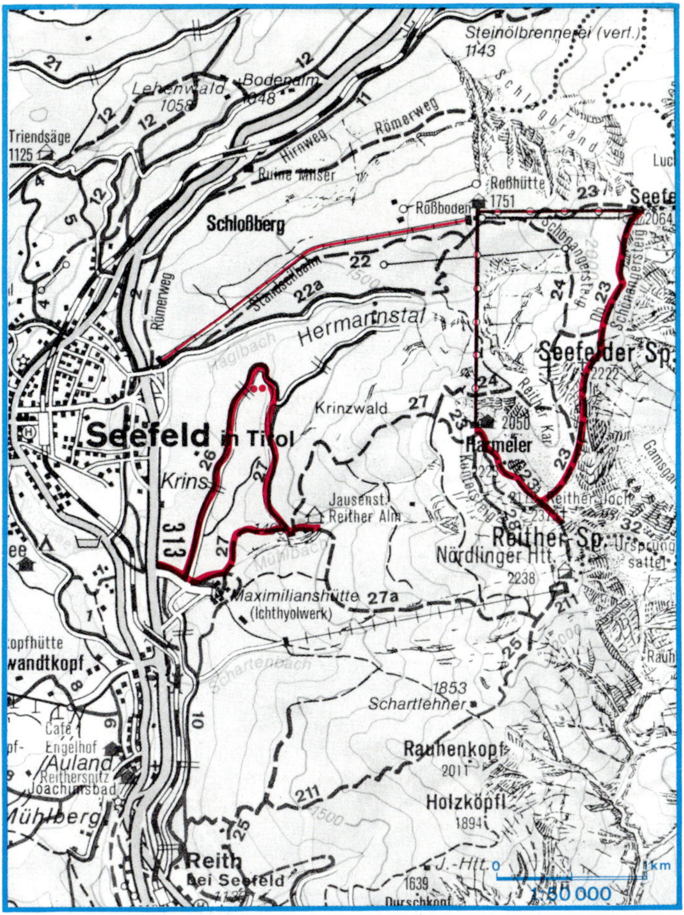

der Kehre des Fahrweges treten wir auf die Wiese heraus, über der die Reitherjochalm liegt. Für den Abstieg benützen wir den landschaftlich eindrucksvolleren Fahrweg. Schon nach wenigen Minuten blicken wir aus einem Schlag hinunter nach Seefeld und zur Hohen Munde. Bei der Kehre (unterhalb Wasser) mündet von rechts ein Weg ein (Herrmannstal); wir gehen aber abwärts, bis zur Skipiste, hier kann man am Waldrand (Bank) entlang hinunter zur Straße absteigen. Nach einem abermaligen Waldstück öffnen sich bei herrlichen Blumenwiesen wieder Blicke auf Seefeld. Nach dem Gatter (rechts ist ein Hochstand) wandern wir weiter, bis wir auf den Aufstiegsweg bei der Wegverzweigung treffen. Rechts geht es hinunter zur Umfahrungsstraße und zurück zum Ausgangspunkt in Seefeld.

23 Bergwanderung: Hochzirl – Solsteinhaus, 1.806 m – Großer Solstein, 2.541 m

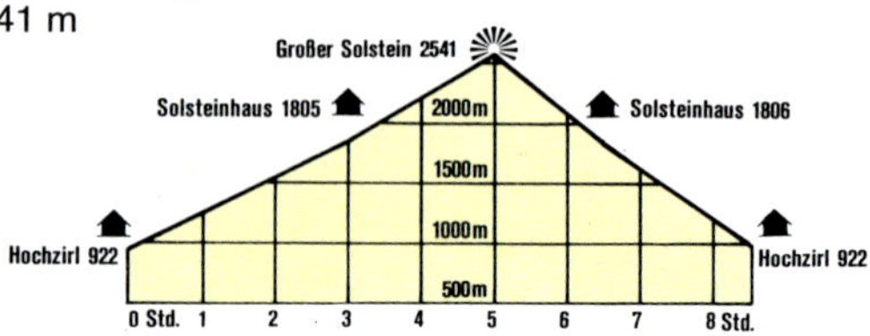

Ausgangspunkt: Zirl/Hochzirl
Parken: Parkplatz 200 m oberhalb der Karwendelbahn
Höhenunterschied: 1.620 m

Wanderzeit: 8½ Std.
Schwierigkeitsgrad: mittel!
Einkehr: Solsteinhaus

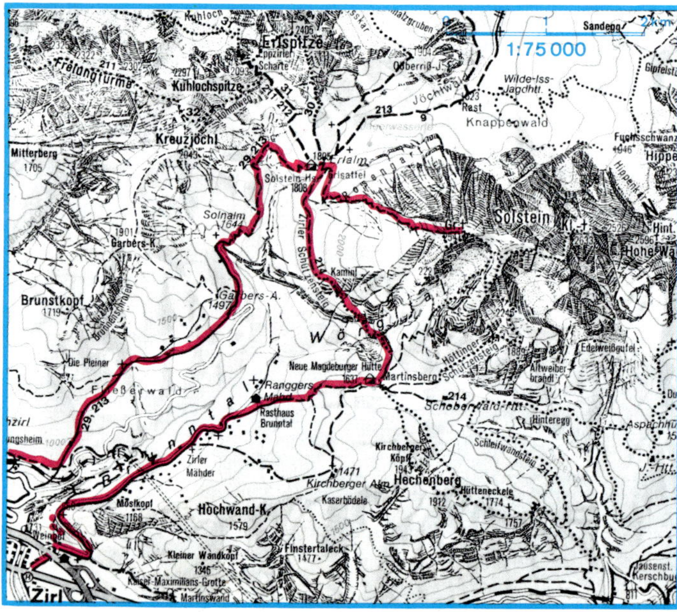

Tourenverlauf: Von der Haltestelle Hochzirl der Karwendelbahn führt ein prachtvoller Weg über Almwiesen und Hütten bergan, bis er vor dem Graben auf den Fahrweg stößt, der wenig später bei der Talstation der Materialseilbahn endet. Nach dem Graben erreicht man die alten Hütten der Solnalm, wo man rechtshaltend auf einem Wiesenpfad die Lichtung überquert und ein Waldstück durchschreitet, ehe man im weiten Bogen zum Solsteinhaus gelangt. Hinter der schmalen Senke wendet man sich rechts dem Anstiegsweg auf den Großen Solstein zu. Durch Latschengassen gelangt man bei schönen Ausblicken in die Nordwestflanke höher und erreicht über Kalkschutt und Grasnarben den breiten Gipfelrücken. Am Anstiegsweg kehrt man zum Solsteinhaus und nach Hochzirl zurück.

24 **Rundwanderung:** Hochzirl – Solsteinhaus, 1.806 m – Zirler Schützensteig – Magdeburger Hütte, 1.673 m – Zirl

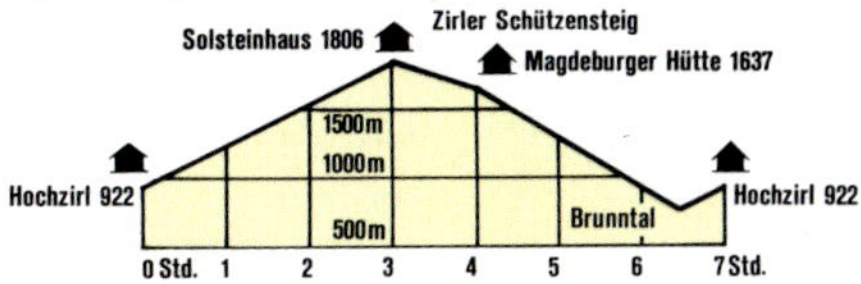

Ausgangspunkt: Zirl
Parken: im Ort
Höhenunterschied: 1.200 m
Wanderzeit: 7 Std.
Schwierigkeitsgrad: mittel!
Einkehr: Solsteinhaus, Magdeburger Hütte, Brunntal
Karte: siehe Seite 54

Tourenverlauf: Von Zirl kommend, wandert man unter der Straße zum Zirler Berg hindurch in Richtung Hochzirl. Bei der zweiten Linkskurve zweigt der Schotterfahrweg (Schild »Solsteinhaus«) rechts ab. Diesem folgt man bis zur Materialseilbahn, überschreitet wenig später den Bach und kommt zur Solnalm, von der man in $\frac{1}{2}$ Std. bis zum Solsteinhaus ansteigt. Der Zirler Schützensteig führt durch eine heiße Latschengasse ostwärts zum Kamindl (Weghälfte zur Magdeburger Hütte) und durch dieses etwa 80 Meter abwärts (Seilsicherung). Vom Fuß des Kamindls führt der Weg an blauem Kalkfels entlang, am besten hält man sich dabei direkt unter der Felswand, bis man mittels neuer Kettensicherung einen Graben (oberhalb führt der alte, verfallene Weg) durchschreitet. Rechts abwärts wandernd, tritt man bald auf die Weideflächen der Neuen Magdeburger Hütte heraus. Auf dem schön angelegten Weg wandern wir hinunter zum Rasthaus Brunntal und über die Zirler Mähder zurück nach Zirl.

㉕ **Bergtour:** Innsbruck – Seegrube, 1.905 m – Brandjoch, 2.559 m – Höttinger Alm, 1.487 m – Hungerburg

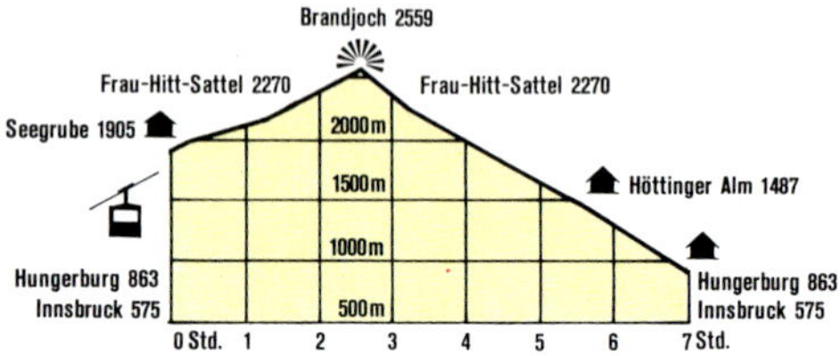

Ausgangspunkt: Hungerburg
Parken: Parkplatz Nordkettenbahn
Höhenunterschied: 660 m

Wanderzeit: 7 Std.
Schwierigkeitsgrad: nur für Geübte!
Einkehr: Höttinger Alm

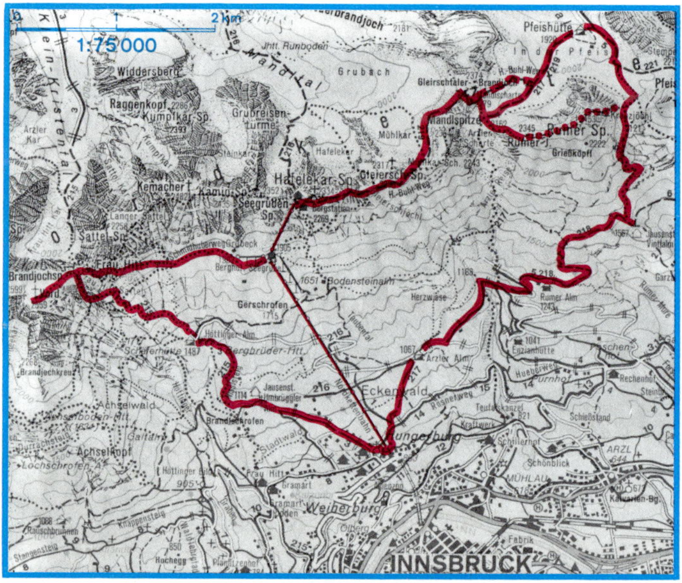

Tourenverlauf: Vom Berghotel Seegrube steigen wir westlich zum Grubeck, 1.982 m, an, von wo wir den teils steilen Grashang auf dem Schmidhubersteig queren. Wer nicht vorhat, das Brandjoch zu besteigen, wird über den breiten Rücken direkt zur Höttinger Alm absteigen (mittel!). Wir aber erklimmen durch steiles Kalkgeröll den Frau-Hitt-Sattel, 2.270 m. Auch das folgende Wegstück, das uns drahtseilgesichert zum Brandjoch emporführt, erfordert Trittsicherheit. Vom Sattel benötigt man etwa $^3/_4$ Std. bis zum höchsten Punkt, von wo wir weit in das Herz der Sellrainer Berge und in die Stubaier Alpen hinüberblicken. Beim Abstieg muß man unbedingt darauf achten, keine Steine loszutreten! Vom Frau-Hitt-Sattel geht es abwärts durch die breite Latschenzone, ehe man über den Grasrücken zur Höttinger Alm gelangt. Bei prächtiger Aussicht schmeckt hier die Jause besonders gut. Rasch gelangt man über den Nißlsteig zur Umbrüggler Alm hinunter, die 1981 umgebaut wurde. Entlang des Fahrweges setzen wir die Rückkehr auf der Skiabfahrt zur Hungerburg fort.

26 Höhenweg: Innsbruck – Hafelekar, 2.269 m – Goetheweg (Hermann-Buhl-Weg) – Mandlscharte – Rumer Spitze, 2.454 m – Vintlalm – Hungerburg

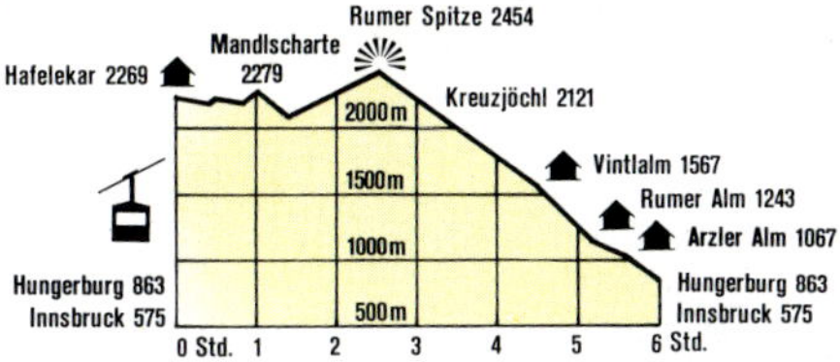

Ausgangspunkt: Hafelekar
Parken: Hungerburg
Höhenunterschied: 300 m
Wanderzeit: 5 Std.

Schwierigkeitsgrad: nur für Geübte! (auf die Rumerspitze Klettertour (II.)!)
Einkehr: Rumer Alm, Arzler Alm, Vintlalm, Pfeishütte
Karte: siehe Seite 56

Tourenverlauf: Mit der Nordkettenbahn fährt man über zwei Sektionen zum Hafelekar hinauf, wo man wenige Meter neben der Bergstation den großartigen Höhenweg betritt, der trotz seiner guten Weganlage Schwindelfreiheit (und gutes Schuhwerk!) erfordert. Am Hermann-Buhl-Weg (früher Goetheweg genannt) quert man in etwa 2.300 Metern Höhe die Nordkette gegen Osten, bis man über eine Scharte auf die einsame Nordseite überwechseln kann. Auf den harten Schneefeldern, die sich oft bis weit in den Sommer hinein halten, ist Vorsicht geboten. Durch ein Schuttkar steigt man zur Mandlscharte an, von wo man auf die kühn geformte Rumerspitze hinüberblickt. Nach dem Abstieg in die Scharte trennen sich die Wege der Kletterer und der Wanderer: während der leichtere Weg links hinüber zur Pfeishütte und von dort zum Kreuzjöchl bergan führt, wo der Abstieg von der Rumerspitze einmündet, wenden sich die Geübten dem Kamm, der zur Rumerspitze emporführt, zu. Bei einem roten Markierungspunkt biegt man rechts vom Grat ab und gelangt zur Hinweistafel, dem Einstieg der kurzen Kletterei. Kurz vor dem Gipfel gilt es eine zwei Meter lange »Reitstelle« zu überwinden, ehe man den Gipfelsieg genießen kann. Der Abstieg zum Kreuzjöchl ist einfacher (in der Schneerinne Vorsicht!). Vom Jöchl führt uns nun ein schöner Weg hinab zur Vintlalm, an rotem Fels vorbei zur Rumer Alm. Wenige Schritte westlich der Hütte biegen wir links am Schotterfahrweg ab. In der nächsten Linkskehre gehen wir geradeaus weiter (westlich) und überqueren die auslaufende Arzler Reise. An einer Wasserhütte vorbei geht es sanft ansteigend zur Arzler Alm hinüber. Gegenüber des Gastgartens führt der Weg durch Buschwerk in den Hochwald und hinab zum Rosnerweg. Rechts haltend verlassen wir diesen am Rand der Lichtung und steigen durch den schmalen Waldstreifen zur Hungerburg (Seilbahntalstation) ab.

27 **Rundwanderung:** Halltal – Herrenhäuser – Kaisersäule, 1.701 m

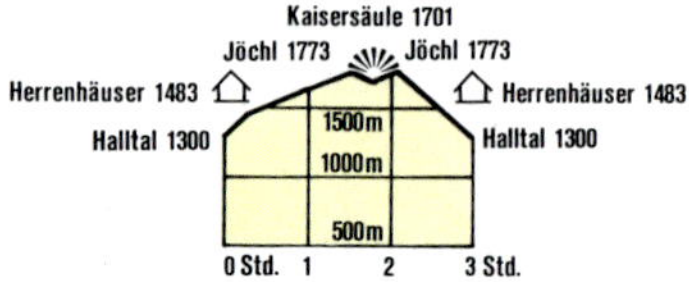

Ausgangspunkt: Halltal
Parken: Parkplatz Ißtal
Höhenunterschied: 430 m
Wanderzeit: 2½ Std.
Schwierigkeitsgrad: mittel!
Einkehr: St. Magdalena

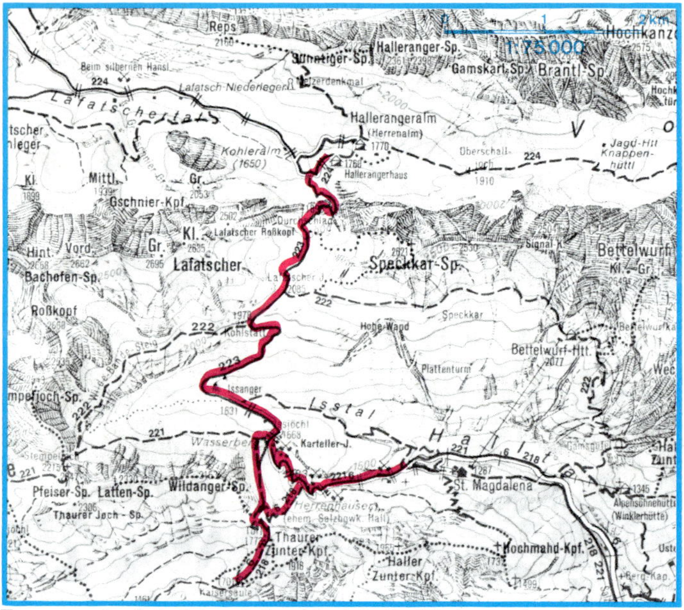

Tourenverlauf: Auf der steilen Mautstraße fährt man durch das Halltal an. Vom Parkplatz Ißtal folgt man noch wenige Meter der Asphaltstraße, überquert beim Schranken den Bach und steigt entlang des Zufahrtsweges in einigen Kehren zu den Herrenhäusern an. Von dort setzen wir den Weiterweg am aufgelassenen Gerinne des ehemaligen Salzbergwerkes vorbei fort, bis wir nahe des Ißjöchls zu einem Haus gelangen (Brunnen, Bank, Sicht auf das Halltal). Von dort steigen wir durch ein kleines Wäldchen westwärts an (Tafel: »Törl-Thaurer Alm-Innsbruck«), bis wir links nach einigen Latschen auf die Schuttreise heraustreten, die wir, der roten und gelben Markierung folgend, bis zur Einmündung des Weges von St. Magdalena kommend, queren. Nun ist bereits das Kreuz am Jöchl sichtbar, das in wenigen Minuten erreicht wird. Der kurze Abstecher hinüber zur Kaisersäule ist äußerst lohnend, da sich von dort ein gewaltiger Tiefblick in das Inntal bietet. Der Rückweg erfolgt über das Törl zur Wegverzweigung und von dort rechts durch das Tal hinab zu den Herrenhäusern und zurück zum Parkplatz, von wo man in wenigen Minuten zu Fuß den Alpengasthof St. Magdalena erreicht.

Am Weg zum Hallerangerhaus

28 **Wanderung:** Halltal – Hallerangerhaus, 1.768 m

Ausgangspunkt: Halltal
Parken: Ißtal
Höhenunterschied: 820 m
Wanderzeit: 5¼ Std.
Schwierigkeitsgrad: mittel!
Einkehr: Hallerangerhaus, Hallerangeralm
Karte: siehe Seite 58

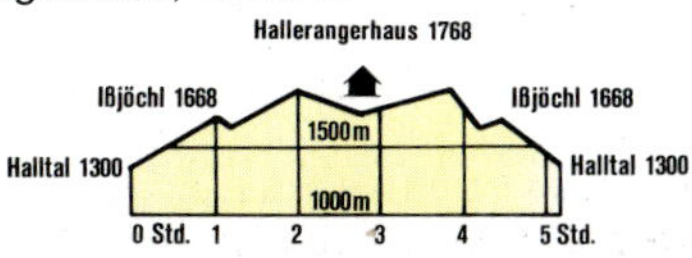

Tourenverlauf: Vom Parkplatz Ißtal im Halltal wandern wir entlang des Fahrweges hinauf zu den Herrenhäusern, die schon nach zehn Minuten zwischen den Lärchen sichtbar werden. Entweder weiter auf der Schotterstraße, oder an den Hütten des ehemaligen Salzbergwerkes vorbei, führt uns der Anstieg hinauf zum Ißjöchl, 1.668 m. Dem Wegweiser folgend wandern wir links hinab zum Isseanger. Geradeaus beginnt nun der Anstieg durch Latschengassen am steinigen Weg, der uns rasch höher bringt. Bei schönen Ausblicken zum Stempeljoch und auf die Tuxer Vorberge, die durch das Halltal hereinwinken, geht es dem Lafatscher Joch entgegen. Etwa zehn Minuten unterhalb des Jochs mündet der Wilde-Bande-Steig (vom Stempeljoch kommend) ein. Über den breiten Sattel (Abzweigung zur Bettelwurfhütte) wandern wir gemächlich abwärts, bis wir wieder zu einigen Latschengruppen kommen.

Beim Kreuz (1981) beginnt die Markierung, die zunächst nach links (!), weiter unten aber scharf nach rechts weist. Uns strikt nach Osten haltend (nördlich sind Felswände!) gelangen wir auf dem aus den Felsen gebrochenen Weg in die Schuttreise, über die es abwärts geht. Unvermutet beginnt nun ein kurzer ebener Waldweg, der uns zum einladenden Hallerangerhaus bringt. Wenige Schritte weiter läßt es sich auch bei der Hallerangeralm bequem rasten. Am bekannten Weg treten wir den Auf- und Abstieg ins Halltal wieder an.

29 **Bergtour:** Absam – Halltal – Bettelwurfhütte, 2.077 m – Bettelwurf, 2.725 m

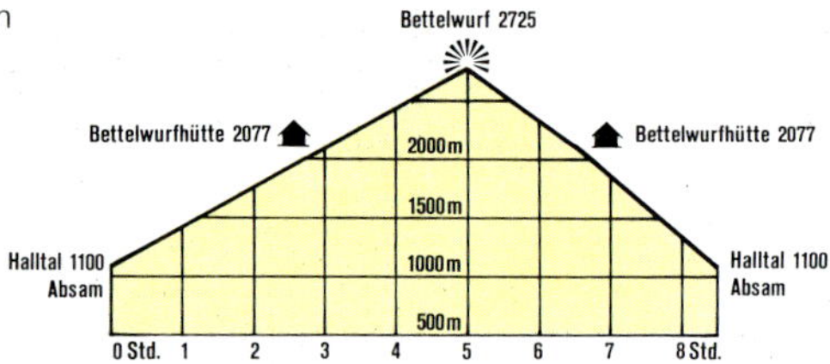

Ausgangspunkt: Halltal
Parken: Parkplatz Bettelwurf
Höhenunterschied: 1.630 m

Wanderzeit: 8 1/2 Std.
Schwierigkeitsgrad: mittel!
Einkehr: Bettelwurfhütte
Karte: siehe Seite 61

Tourenverlauf: Über die Mautstraße erreicht man nach der Überwindung des Steilstückes (1. Gang!) das Bettelwurfbrünnl. Dort beginnt der Aufstieg zu einem der höchsten Gipfel der Halltalkette. Nach der langen Schuttreise, die es vorerst zu »erklettern« gilt, quert man beim Erreichen der Felswand (Gamsgufel-Höhle) links in die Latschenzone hinaus, durch die es in zahlreichen Serpentinen zur Bettelwurfhütte hinauf geht. Nachdem man den Wasserbedarf aufgefüllt hat, beginnt der zweistündige Gipfelanstieg. Nach einem Schuttkar gelangt man wieder in Felsen und durch seilgesicherte Rinnen steigen wir aufwärts, bis man nach wenigen Metern nach rechts den höchsten Punkt erreicht. Im Norden stürzen die Felsen etwa 1.200 Meter in das Vomper Loch hinab; im Süden liegt der Alpenhauptkamm mit den Stubaier Alpen, der Serles und glänzenden Firnfeldern vor uns.

30 **Bergtour:** Hinterhornalm – Felix-Kuen-Klettersteig – Hundskopf, 2.243 m

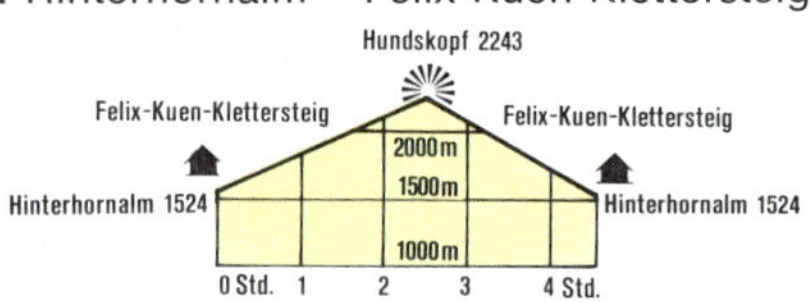

Ausgangspunkt: Hinterhornalm
Parken: bei der Alm
Höhenunterschied: 720 m

Wanderzeit: 4 1/2 Std.
Schwierigkeitsgrad: Nur für Geübte!
Einkehr: Hinterhornalm

Tourenverlauf: Von der Hinterhornalm führt der Anstieg an Latschenfeldern entlang und direkt der Sonne ausgesetzt in etwa 3/4 Std. bis zu den Felsen. Scharfkantige Grate und leichte Kletterstellen werden mit-

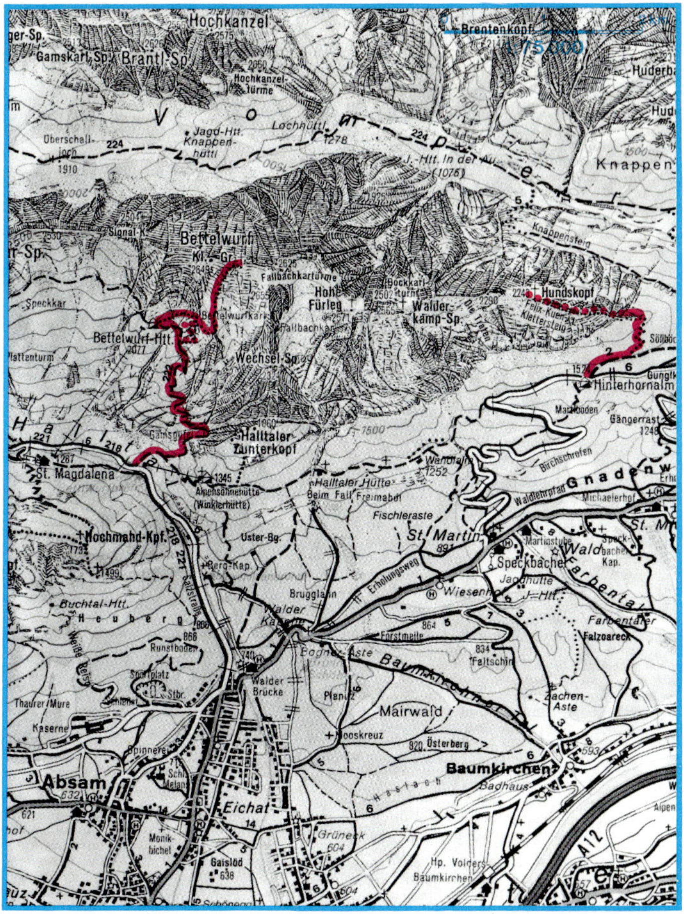

tels guter Drahtseilsicherungen überwunden. Atemberaubend sind die Tiefblicke in das Vomper Loch, ehe man über einen ausgesetzten Grat zum schmalen Gipfel gelangt. Dieser, in der Mitte der 1970er Jahre angelegte gesicherte Klettersteig, wurde nach dem Absamer Felix Kuen benannt, der mit der Besteigung des Zuckerhuts weltweites Aufsehen erregt hatte. Beim Abstieg gilt es auf Steinschlag zu achten, denn an Schönwettertagen sind zahlreiche Besucher am Hundskopf.
Als Alternative für Familienwanderungen ist der Ausflug zur Jausenstation Walderalm zu empfehlen, die man bequem in 45 Minuten erreicht. (Siehe Kompass-Wanderbuch »Innsbruck – Seefeld«, erschienen im selben Verlag).

Große Karwendeltour (Karwendelmarsch, leicht!)

Hauptort   Gemeinde, Ortschaft   Gasthof, Hütte

Das Großereignis im Karwendel schlechthin ist der Mitte September durchgeführte »Karwendelmarsch«, der an einem Tag ausgeführt wird, wobei während 14stündiger Wanderung etwa 53 Kilometer zurückgelegt werden. Bequemer ist diese prachtvolle Durchquerung, wenn sie in drei Tagen durchgeführt wird – und es bleibt Zeit zum Schauen, Staunen und Bewundern der jähen Kalkfluchten, die in senkrechten Wänden gen Himmel streben.

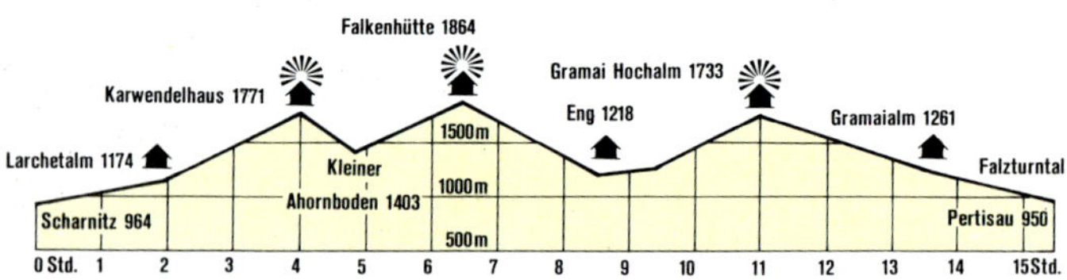

1. Tag: Von Scharnitz zur Larchetalm (2 Std.) und weiter zum Karwendelhaus (insgesamt 4 Std.).
2. Tag: Vom Karwendelhaus in 2½ Std. über die Ladizalm zur Falkenhütte, 1.846 m, und weiter in die Eng (insgesamt 4½ Std.)
3. Tag: Von der Eng zur Gramai Hochalm (2½ Std.) und in einstündigem Abstieg zur Gramaialm. Abseits der Mautstraße führt ein Spazierweg in weiteren 2 Std. durch das Falzturntal nach Pertisau.

Rofangebirge
Achensee

Rofangebirge – Achensee

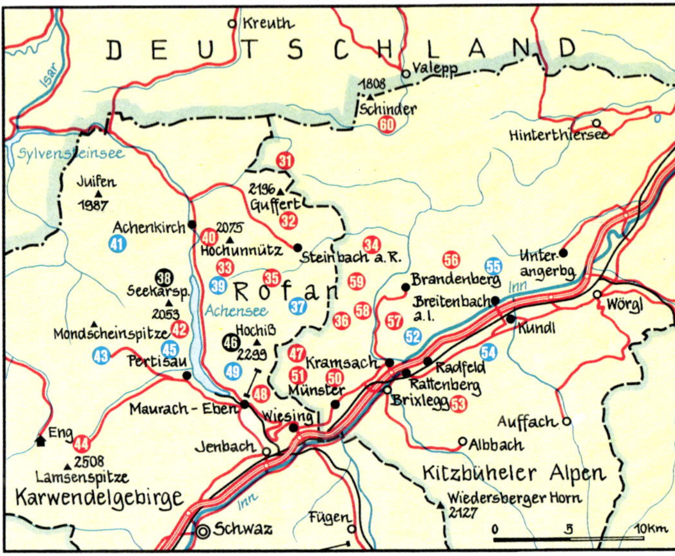

● Fremdenverkehrsverband, Verkehrsverein — Straße — Eisenbahn
Staatsgrenze — Bezirksgrenze — (60) Lage der beschriebenen Wanderwege

Der markanteste Teil der ›Brandenberger Alpen‹ – wie man sie jetzt wieder zu bezeichnen beginnt und die sich vom Achensee bis Kufstein erstrecken – ist zweifellos das Rofangebirge, von seinen nach außen sichtbaren Formen und seiner inneren Geschlossenheit her doch mehr oder weniger eine recht eigenständige Berggruppe. Zwischen Inntal, Achensee, Staatsgrenze und Brandenberger Ache gelegen, bildet die Berggruppe geologisch gesehen eine Art Hochplateau, aus dem die Gipfel, die meisten wie Randerhebungen, hervorragen. Nach Norden zu sind die Klötze des langgestreckten Unnütz und der eindrucksvollen Felspyramide des Guffert, vom Rofan durch den Graben der Grund- und Steinberger Ache getrennt, vorgelagert. Das eigentliche geschlossene Rofanplateau bricht an die zehn Kilometer lang nach Norden, aber auch gegen fünf bis sechs Kilometer nach Osten in imposanten, teilweise bis zu 350 Meter hohen Felswänden ab; dieser Anblick von Steinberg aus hat der Kulisse den Namen ›Nordtiroler Rosengarten‹ eingebracht. Zwischen der Hochiß, dem höchsten Gipfel, im Westen, und der Rofanspitze östlich davon schieben sich vornehmlich gegen Süden, dem Inntal zu, mächtige Felssporne vor, deren Gipfel ebenso wie die eigentlichen Kammgipfel zu Felsklettereien mit höchsten Schwierigkeitsgraden einladen. Außerdem verbinden gute Steige und gesicherte Pfade die beachtlichsten Aussichtspunkte des Gebirges.

Die alpine Flora des Rofangebirges ist berühmt und gehört mit zu den schönsten und üppigsten der ganzen Ostalpen; leider sind die Florenbestände auf der Hochfläche und um den Zireiner See in Gefolge des Massentourismus durch die Bergbahnen – zur Erfurter Hütte und unter den Kramsacher Roßkogel – stark dezimiert worden. Der Wildbestand, besonders an Rotwild und Gemsen, ist beachtlich. In den letzten Jahrzehnten sind unter den Nordwänden des Rofans mit Erfolg auch Murmeltiere angesiedelt worden.
Die früheren Haupterwerbszweige des ganzen Gebiets – Landwirtschaft, Forstwirtschaft und Jagd – sind in jüngster Zeit in den meisten Orten durch die Entwicklung des Fremdenverkehrs überflügelt worden. Zu dieser stürmischen Entwicklung haben nicht nur die neue Achenseestraße und die Inntalautobahn, die Rofanseilbahn und der Kramsacher Sonnwendbahnlift beigetragen, sondern vor allem die von den einzelnen Orten geförderten Bergbahn- und Liftanlagen, die dem Gebiet auch eine beachtlich starke Wintersaison gesichert haben.
Schon über 100 Jahre sind verschiedene Sektionen der Alpenvereine hier tätig, um die Zugänge zu den Gipfeln zu erschließen und Stützpunkte – Hütten – zu errichten. Die Aktion ›Wanderbares Österreich‹ hat viele Gemeinden angespornt, die vorhandenen Wege und Steige durch eigene Anlagen, eigene Bezeichnungen zu Netzen zu erweitern. Leider haben seit Jahrzehnten umfangreiche Bauten von Forst- und Almgenossenschaftsstraßen die von ungebrochenen und ausgedehnten Wäldern geprägte landschaftliche Harmonie empfindlich gestört und auch dazu geführt, daß manche herrlichen Wege und Pfade in breiten und schotterigen Forststraßen aufgegangen sind; Bemühungen, diese Wirtschaftswege auch in die Wandernetze einzubeziehen, sind jedoch durchaus von Erfolg gekrönt.
Der Name ›Rofan‹ kommt, nach neueren Erkenntnissen der Sprachforschung, aus dem Ladinischen, Rätoromanischen – einer Sprachgruppe, der auch andere Orts- und Landschaftsbezeichnungen zuzuordnen sind. Jedenfalls dürfte außer Zweifel stehn, daß die Besiedelung vom Inntal her spätestens in die keltische Zeit fällt, während die Erschließung der Hochtäler noch nicht genau bestimmt werden kann. Etruskische Inschriften in einer Felshöhle hinter dem Schneidjoch nördlich des Guffert stützen die Annahme einer frühgeschichtlichen Verbindung zwischen dem Inntal und dem Tegernsee. Im frühen Mittelalter gehörte das Gebiet zum Herzogtum Bayern, dessen Grenze über den Unnütz, den Rofan-Hauptkamm und das Vordere Sonnwendjoch verlief; die Annahme einer bajuwarischen Besiedelung vom mittleren Unterinntal her – von dem Raum um Breitenbach – ist wohl gerechtfertigt. Auch hinsichtlich der Dialekte sind die Verwandtschaften der Rofanhochtäler zum Inntal hin stärker ausgeprägt als zur Mulde des Achensees. 1504 wurde das Gebiet während des Bayerischen Erbfolgekrieges an Kaiser Maximilian I. abgetreten und gehört seitdem zu Tirol.
In einer Gebirgsquerfalte zwischen Karwendel- und Rofangebirge liegt der 9 km lange, etwa 1 km breite und bis 133 m tiefe **Achensee,** der

auch in der Geschichte eine bedeutsame Rolle spielte. Die ursprünglichen Besitzer schenkten 1112 den See dem Kloster Georgenberg (Fiecht). Herzog Sigismund der Münzreiche von Tirol, der den See zu Lehen genommen hatte, veranstaltete am Achensee prunkvolle Feste, und Kaiser Ferdinand II. residierte im ›Fürstenhaus‹ zu Pertisau und führte mit seinem Prunkschiff glanzvolle Fahrten auf dem See aus. 1919 ging der See in den Besitz der Stadt Innsbruck über, die ihn zur Energiegewinnung der Tiroler Wasserkraft-AG überließ. Das Achenseekraftwerk wurde 1924 bis 1928 gebaut; 1957–1962 wurde die neue Achenseestraße weitertrassiert und vollendet.

Ortsbeschreibungen:

ACHENKIRCH

Gemeinde, Bezirk Schwaz, Seehöhe: 923 m, Einwohnerzahl: 1.655, Postleitzahl: A-6215. **Auskunft:** Fremdenverkehrsverband Achenkirch, Tel. 05246/270. **Bahnstation:** Maurach (Achenseebahn, nur Sommerbetrieb), Jenbach (23 km); Busverbindungen mit Jenbach, München und Innsbruck. **Bergbahn:** Sonnberg-Sessellift, Tal 923 m, Berg 1.222 m, Länge 788 m.

Sehenswert

Die **Pfarrkirche zum Johannes dem Täufer** entstand in ihrer jetzigen Form 1748–1750 im Barockstil; charakteristisch ist der schöne Turm mit dem roten Zwiebeldach. Bei einer Renovierung um die Jahrhundertwende wurde das Innere der Kirche leider neugotisiert, jedoch blieb das Hochaltarbild von Philipp Haller von 1762 erhalten. – Das **Annakirchl,** auf einem schönen Aussichtshügel unweit der Pfarrkirche, wurde 1666–1667 als Oktogonbau errichtet. – **Achenseebahn** (von Jenbach bis Seespitz, Schiffsanschluß; Sommerbetrieb).

BRANDENBERG

Gemeinde, Bezirk Kufstein, Seehöhe: 922 m, Einwohnerzahl: 1.300, Postleitzahl: A-6234. **Auskunft:** Fremdenverkehrsverband Brandenberg, Tel. 05331/203, 215. **Bahnstation:** Brixlegg (14 km) und Rattenberg (13 km); Busverbindung mit beiden Orten.

Sehenswert

Die **Pfarrkirche zum Hl. Georg** mit Deckengemälden von J. Arnold (1853) wurde 1678–1680 neu erbaut. – **Filialkirche zur Schmerzhaften Gottesmutter** aus dem Jahre 1852 in Aschau und eine sogenannte **»Schulkirche«,** bei der eine Kapelle und ein Schulzimmer miteinander verbunden sind, im Weiler Hacha. – **Tiefenbachklamm** (wildromantische Schlucht, siehe auch Wanderung Nr. 58!).

BREITENBACH am Inn

Gemeinde, Bezirk Kufstein, Seehöhe: 513 m, Einwohnerzahl: 2.000, Postleitzahl: A-6250. **Auskunft:** Verkehrsverband Breitenbach, Tel. 05338/738. **Bahnstation:** Kundl; Busverbindung mit Wörgl.

Sehenswert

Die stattliche, 1954 renovierte, **Pfarrkirche zum Hl. Petrus** wurde 1739 errichtet. Die Kirche besitzt die Gebeine des als Märtyrers angesehenen Hl. Valentin. – Prunkvoll ausgestattet ist die Filialkirche zum Johannes dem Täufer in Kleinsöll (spätgotisch, um 1450). – **Schintelburg** beim Weiler Haus (Ruine aus dem 13. Jh.).

KRAMSACH

Gemeinde, Bezirk Kufstein, Seehöhe: 519 m, Einwohnerzahl: 3.000, Postleitzahl: A-6233. **Auskunft:** Fremdenverkehrsverband Kramsach, Tel. 05337/2209. **Bahnstation:** im Ort; Busverbindungen nach Kufstein und Jenbach.
Bergbahnen: Sonnwendjochbahnen, Sessellift 1. Sektion: Tal 605 m, Berg 1.220 m, Länge 1.903 m; 2. Sektion: Tal 1.903 m, Berg 1.790 m, Länge 1.671 m.

Sehenswert

Die **Pfarrkirche** im Ortsteil Voldöpp, einst Filialkirche von Breitenbach, wurde um 1700 innen barockisiert; sie stammt aus der Spätgotik. – Die aus dem 16. Jahrhundert stammende Kramsacher Glashütte ist heute eine Glasfachschule. – Östlich von Kramsach liegt das vornehmlich durch private Initiative zustandegekommene **Tiroler Bauernhöfe-Museum,** in dem laufend alte Original-Bauernhöfe aus ganz Tirol wieder aufgebaut werden. Sie vermitteln vornehmlich hervorragende Eindrücke von der uralten bäuerlichen Bau- und Wohnkultur Tirols.
Die gotische **Pfarrkirche zu Ehren des Hl. Nikolaus,** des Schutzpatrons der Reisenden (hier überquerte die Römerstraße den Inn) in Voldöpp wurde mehrmals umgestaltet. – Am Ufer der Brandenberger Ache erhebt sich das **Waidachkirchlein,** das 1957 zur Kriegergedächtniskapelle ausgebaut wurde, sie birgt das reiche Schnitzwerk der akademischen Malerin Gret Einberger. – Die **Pfarrkirche zum Hl. Dominikus in Mariathal** war ehemals Klosterkirche des Dominikanerinnenklosters, welches im 13. Jh. von den Freundsbergern gestiftet worden war. Kirche und Kloster wurden nach einem Brand 1967 neu erbaut. Sie birgt einen prunkvollen Hochaltar, eine reichgeschnitzte Inneneinrichtung im barocken Knorpelstil und eine prachtvolle Orgel aus dem Jahre 1730. Die **Gnadenkapelle** mit einem holzgeschnitzten Wallfahrtsbild aus dem 16. Jh. zählt mit ihrem geschmackvollen Stuckdekor und dem wertvollen Schmiedeeisengitter zu den feinsten Leistungen aus dem Übergang vom Spätbarock zum Rokoko. In einem Teil des Klosters ist seit 1938 eine Mädchenerziehungsanstalt untergebracht. – Auf dem **Hilariberg** wurde neben dem Wallfahrtskirchlein eine Studienanstalt des Kamillanerordens eingerichtet.

KUNDL

Gemeinde, Bezirk Kufstein, Seehöhe: 529 m, Einwohnerzahl: 2.400, Postleitzahl: A-6250. **Auskunft:** Fremdenverkehrsverband Kundl, Tel. 05338/326. **Bahnstation:** im Ort; Busverbindungen nach Wörgl und Jenbach.

Sehenswert

Die schon 788 genannte **Pfarrkirche Mariä Himmelfahrt** entstand als Neubau im Jahre 1736. Sie überrascht durch hervorragende Stukkaturen und einem guten Hochaltar mit den Statuen Johannes d.T. und Joh. Ev. – Westlich des Dorfes steht in einer Wiese die **St. Leonhardskirche,** eine der interessantesten und kostbarsten mittelalterlichen Kirchen Tirols. Sie wurde von Kaiser Heinrich II. auf einem seiner Italienzüge 1012 gegründet; ihr heutiges Aussehen stammt aus dem Jahre 1481. An der äußeren Südwand beeindruckt uns ein mächtiges Christophorusbild. Im Innern birgt die Kirche ein prächtiges schmiedeeisernes Gitter, bemerkenswerte spätromanische Steinmetzarbeiten, ein kunstvolles Chorgestühl und ein feines Netzgewölbe mit schönen Schlußsteinen, eine eindrucksvolle steinerne Figur des Hl. Leonhard und ein wertvolles Fresko von Jörg Kölderer, dem berühmten Hofmaler und Architekten Kaiser Maximilians. Die Kirche wurde 1964 durch die Spenden der Tiroler Viehzüchter restauriert. – Einen besonderen Anziehungspunkt bildet die wildromantische **Kundler Klamm,** aus der die Wildschönauer Ache herausschäumt.

MAURACH – EBEN

Gemeinde, Bezirk Schwaz, Seehöhe: 963 m, Einwohnerzahl: 900, Postleitzahl: A-6212. **Auskunft:** Verkehrsverband Maurach-Eben, Tel. 05243/340. **Bahnstation:** im Ort (Zillertalbahn, Sommerbetrieb), sonst Jenbach (5 km); Busverbindungen mit Jenbach, Steinberg a.R.; Achenwald. **Bergbahnen:** Rofanseilbahn, Tal 985 m, Berg 1.840 m, Länge 2.246 m; Mauritz-Sessellift, Tal 1.422 m, Berg 1.827 m, Länge 912 m; Maurach-Heimgrube, Tal 1.750 m, Berg 1.850 m, Länge 360 m (Sesselbahnbetrieb nur im Winter).

Sehenswert

Achensee, größter See Nordtirols (Länge 10 km, Breite 1 km, Tiefe 133 m). – **Naturschutzgebiet Karwendel.** – Wallfahrtskirche zur Hl. Notburga, der Schutzpatronin der Dienstmägde. Auf den Resten einer alten gotischen Kirche wurde von J. Singer 1736 dieser Bau errichtet, der mit reichem Rokokostuck geziert ist (Deckenbilder von Anton Mayr, 1754).

MÜNSTER

Gemeinde, Bezirk Kufstein, Seehöhe 535 m, Einwohnerzahl: 1.650, Postleitzahl: A-6240. **Auskunft:** Fremdenverkehrsverband Münster, Tel. 05337/3160. **Bahnstation:** Münster-Wiesing, Schnellzugstation Jenbach (6 km); Busverbindung nach Rattenberg und Jenbach.

Sehenswert

Die romanische Burganlage **Lichtenwerth** weist ebenso wie das Lustschlößchen Neumatzen auf großartige Architektur hin, die sich in reichen bautechnischen Details äußert. – Die ursprünglich gotische **Pfarrkirche Mariä Himmelfahrt** wurde 1747 von J. Singer barock erweitert. Statuen von F.X. Nißl. – »Obs«, Versammlungshalle am Friedhof mit gotischem Opferstock. – Pfarrhof mit Freskenmalerei von A. Mayr (1760).

PERTISAU

Ortsteil der Gemeinde Eben, Bezirk Schwaz, Seehöhe: 950 m, Einwohnerzahl: 400, Postleitzahl: A-6213. **Auskunft:** Fremdenverkehrsamt Pertisau, Tel. 05243/5260. **Bahnstation:** Seespitz (2 km, Endstation der Achenseebahn, Sommerbetrieb), sonst Jenbach, 11 km; Busverbindung mit Jenbach, Maurach und Wiesing. **Bergbahn:** Karwendellift, Tal 950 m, Berg 1.483 m, Länge 1.180 m.

Sehenswert

Kirche von Clemens Holzmeister, 1969.

RATTENBERG – RADFELD

Stadtgemeinde, Bezirk Kufstein, Seehöhe: 514 m, Einwohnerzahl: Rattenberg 750, Radfeld 1.100, Postleitzahl: A-6240. **Auskunft:** Verkehrsverband Rattenberg-Radfeld, Tel. 05337/2688. **Bahnstation:** Rattenberg/Kramsach; Busverbindungen mit Innsbruck, Jenbach, Kramsach-Brandenberg, Alpbach.

Sehenswert

Mit Recht wird die ganze Stadt von namhaften Reiseschriftstellern als mittelalterliches Freilichtmuseum gepriesen. Vorherrschend sind die typischen Innstadthäuser mit geraden Stirnmauern aus der Spätgotik und Renaissance, welche die längslaufenden Grabendächer verbergen. – Die **Pfarrkirche St. Vigil** wird 1299 genannt, der jetzige gotische

Bau stammt aus dem Jahre 1473; um 1730 wurde er im Innern barockisiert. Bemerkenswert ist die Tatsache, daß die Kirche zweischiffig erbaut wurde, um eine Trennung zwischen den Bürgern und den selbstbewußten Bergknappen durchführen zu können. Wertvolles Vesperbild aus der Zeit um 1400 am Altar des Mittelpfeilers und schöne Grabsteine. – Am Innufer wurde 1387 **Kirche und Kloster für Augustinermönche** erbaut. Hier sollten Kranke und arme Durchreisende gepflegt und beherbergt werden. 1817 übernahmen die Serviten das Kloster. Bemerkenswerter monumentaler Hochaltar, Wand- und Deckengemälde von Waldmann 1711, Gotischer Kreuzgang. – **Spitalskirche** aus dem Ende des 15. Jh. – Aus den **Ruinen des Schloßberges** ragt der Bienerturm empor. Hier wurde 1651 Dr. Wilhelm Biener »Kanzler von Tirol« unschuldig hingerichtet. – In Rattenberg befindet sich auch das **Geburtshaus** der **Hl. Notburga,** der großen Tiroler Volksheiligen und legendären Bauernmagd. – **Schloßbergspiele** im Sommer.

Radfeld. Noch älter als Rattenberg ist das etwa 2 km innabwärts gelegene, von Wiesen und Feldern umgebene Bauerndorf Radfeld. Die **Kirche zu Ehren des Hl. Briccius** wird 788 erstmals urkundlich erwähnt. Der jetzige spätgotische Kirchenbau stammt aus dem 16. Jh.

STEINBERG am Rofan

Gemeinde, Bezirk Schwaz, Seehöhe: 1.015 m, Einwohnerzahl: 250, Postleitzahl: A-6215. **Auskunft:** Verkehrsverein Steinberg, Tel. 05246/627111, 627105. **Bahnstation:** Jenbach (32 km); Busverbindung nach Jenbach.

Sehenswert

Die **Pfarrkirche zum Hl. Lambert** geht auf eine schon 1196 erstmalig erwähnte Kapelle zurück; sie war eine der Filialkirchen von Breitenbach und unterstand dem Kloster Seeon am Chiemsee. 1715 erhielt die Kirche ihre heutige Form und wurde im Innern barockisiert; eine weitere Restaurierung ist für 1827 nachgewiesen.

UNTERANGERBERG

Gemeinde, Bezirk Kufstein, Seehöhe: 660 m, Einwohnerzahl: 900, Postleitzahl: A-6300. **Auskunft:** FVV Unterangerberg 95, Tel. 05332/6305. **Bahnstation:** Wörgl; Busverbindung.

Sehenswert

Rokokokapelle aus dem 18. Jahrhundert, **Dorferkapelle** genannt. – **Stein-Kapelle,** 1751 auf einem Felsblock errichtet.

WIESING

Gemeinde, Bezirk Schwaz, Seehöhe 568 m, Einwohnerzahl: 1.070. Postleitzahl: A-6200. **Auskunft:** Verkehrsverband Wiesing, Tel. 05244/2510. **Bahnstation:** im Ort; Busverbindungen nach Achensee, Zillertal, Innsbruck, Rattenberg, Schwaz und München (DB).

Sehenswert

Die **Pfarrkirche ist den Hl. Martin und Nikolaus** geweiht. Dem jetzigen Kirchenbau von 1781 (Hochaltarblatt von Franz Anton Zeiller; Deckengemälde von Matthias Ruef aus Volders) ging ein gotischer vorher, von dem der 75 m hohe Turm, das Wahrzeichen des Ortes erhalten ist. – Im höher gelegenen Ortsteil Erlach unterhalb der neuen Achenseestraße steht eine stattliche Barockkapelle, die als Gedächtnisstätte für das Tiroler Heldenjahr 1809 dient.

Wanderungen und Bergtouren im Rofangebirge und am Achensee

31 **Bergwanderung:** Steinberg (Achenkirch) – Issalm, 1.466 m – Schneidjoch, 1.810 m – Ludwig-Aschenbrenner-Hütte, 1.465 m

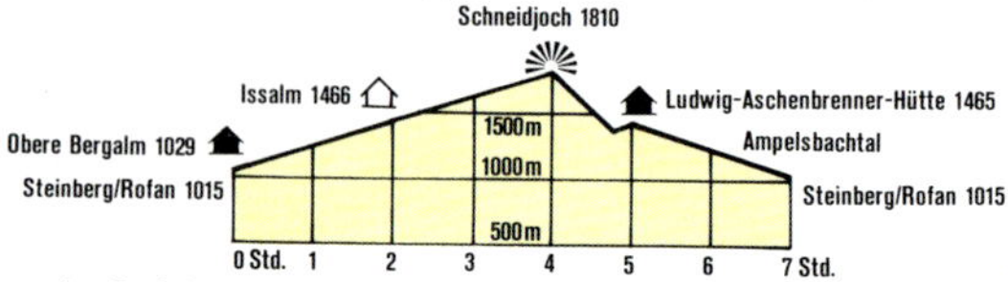

Ausgangspunkt: Steinberg am Rofan bzw. Achenkirch
Parken: Obere Bergalm an der Fahrstraße Achenkirch-Steinberg
Höhenunterschied: 780 m
Wanderzeit: 7 Std.
Schwierigkeitsgrad: mittel!
Einkehr: Ludwig-Aschenbrenner-Hütte; Untere und Obere Bergalm.
Karte: siehe Seite 71

Tourenverlauf: Die Obere Bergalm liegt vier Kilometer nordwestlich von Steinberg; bei der Wegtafel, zwischen Haus und Bach, beginnt der anfangs etwas sumpfige Weg, der am Hochwaldrand das Ende einer Forststraße überquert und mäßig, manchmal auch steil in schönem Hochwald die Westflanke des Guffert umgeht. Hoch über dem tiefeingeschnittenen Tal des Weißenbachls liegt die Stubaalm, 1.371 m; der schmale Steig überquert nun mehrmals tiefe Rinnen und gewinnt schließlich den weiten Talboden der Issalm, 1.466 m (bei den Hütten Wegweiser!). Der Weg zieht nach Norden, steigt anfänglich mäßig im Wald und wird bald steiler, bis sich am Schneidjoch, 1.810 m, nach Süden ein großartiger Blick in die Felsstürze des Guffert öffnet (bisher 4 Std.). Nach Norden zu ist die Hütte schon zu sehen; erst aber geht's steil abwärts (nach $^2/_3$ Abstieg in die weite Mulde leitet nach links ein Steiglein zu etruskischen Felsinschriften), dann quert man den Boden der Mulde und steigt schnell empor zur Ludwig-Aschenbrenner-Hütte, 1.465 m (1 Std.). (Gute Einkehr!). Der Rückweg führt uns erst wieder zurück in die Mulde, dann beim Wegweiser geht's rechts ab, bald kommt man auf eine Forststraße, die durchs romantische Ampelsbachtal zum Parkplatz am Kögelboden, an der Straße Steinberg-Achenkirch, führt (2 Std.). Links auf der Straße zur Oberen Bergalm zurück.

32 **Bergtour:** Steinberg – Guffert, 2.196 m

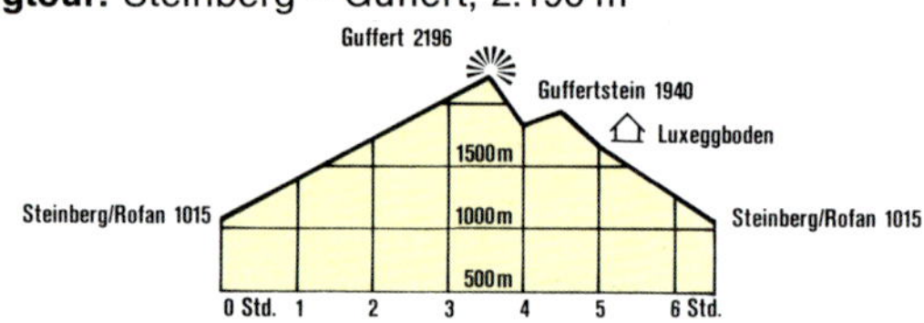

Ausgangspunkt: Steinberg am Rofan
Parken: beim Pulvererhof
Höhenunterschied: 1.180 m
Wanderzeit: $6^1/_2$–7 Std.
Schwierigkeitsgrad: mittel; Gipfelstock nur für Geübte!

Tourenverlauf: Von der Kirche in Steinberg gehen wir auf der Straße Achenkirch bis zum Pulvererhof zur beschilderten Abzweigung des Guffertwegs; hier Parkplatz. Der Pfad überquert den Bach und steigt im

Hochwald steil, dann mäßiger an, etwa $1^1/_4$ Std. bis an eine Lawinenschneise, an deren rechten Rand es steil, in kleinen Serpentinen, durch Latschengassen emporgeht. Nach einer guten Stunde ist rechts die Abzweigung zur einzigen Quelle, der Schmiedtquelle, Umweg etwa 15 Minuten. Mäßig weitersteigend, trifft man auf eine Wegegabel und folgt dem linken Steig, der über die Matten der Hochwies und Geröll bis dicht unter den Gipfelstock führt. Die restlichen 20 Minuten über den Grat zum Gipfel, 2.196 m, mit Kreuz, erfordern Trittsicherheit und Schwindelfreiheit (bisher $3^1/_2$ Std.). Drahtseilsicherungen!
Der Rückweg führt zunächst zur erwähnten Wegegabel, dann aber geradeaus, in eine tiefe Mulde – rechts Schmiedtquelle – und etwa 150 Meter wieder steil aufwärts, aufs Plateau des Guffertsteins, 1.940 m.

Dem Wegweiser folgend, steigen wir auf schmalem Pfad steil ab auf die Matten des Luxeggbodens, einer Schafalm. Der markierte steile Abstieg endet beim obersten Haus Steinbergs; nach rechts zum Parkplatz.

33 **Bergtour:** Steinberg – Kotalm, 1.442 m – Vorderunnütz, 2.077 m

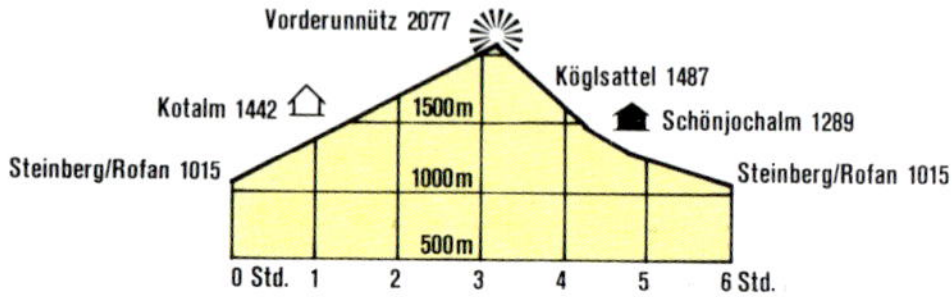

Ausgangspunkt: Steinberg am Rofan
Parken: im Ort; am Rofanlift II
Höhenunterschied: 1.060 m

Wanderzeit: 6 Std.
Schwierigkeitsgrad: mittel!
Einkehr: Schönjochalm (nur währen Almtriebzeit)

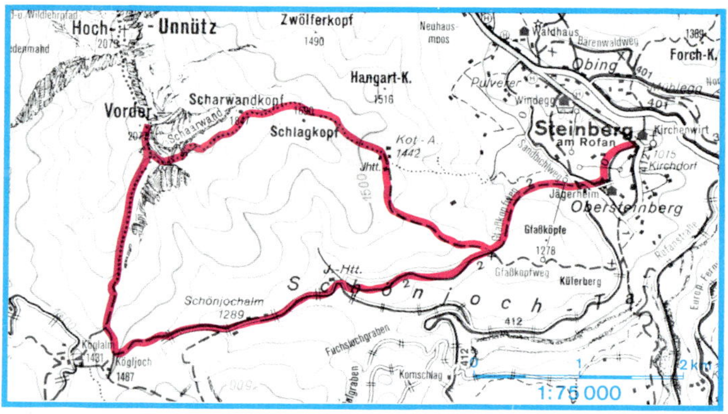

Tourenverlauf: Von der Kirche wandern wir zunächst westlich (Schilder: Unnütz, Gfaßkopfweg, Nr. 2) auf einem Wiesenpfad vorbei am Obermooshof, dann auf der Fahrstraße etwas rechts und gleich links abbiegend (hierher vom Parkplatz Rofanlift II in 3 Minuten), bis es mäßig steil aufwärts geht. Schließlich erreichen wir durch eine steile Rinne den Gfaßkopfsattel mit Bildstöckl. Bei der Wegegabel rechts haltend gelangt man mäßig, auch mal steiler, durch Hochwald hinauf, dann an zwei Brunnen vorbei in den Kessel der Steinberger Kotalm, 1.449 m. Nach der linken Hütte steigt man links hinauf, es folgt ein kurzes, fast ebenes Stück, und dann geht's auf felsigem Steiglein, durch Latschengassen und am Ende über freie Matten zum Hauptkamm und auf diesem, rechts auf den Gipfel des Vorderunnütz, 2.077 m (Stempelstelle für Wandernadel; bisher 3¼ Std.). Beim Rückweg muß man kurz unterhalb des Gipfels (Wegweiser) rechts absteigen; der Pfad fällt bald sehr steil in den Hochwald beim Köglsattel, 1.487 m, ab (1 Std.). Beim Wegweiser knapp östlich des Sattels biegt man links ab und erreicht über die Forststraße die Schönjochalm (Jausenstation), von wo es nach Steinberg zurückgeht.

34 **Bergwanderung:** Steinberg – Wimmerjoch, 1.320 m – Aschau, 875 m – Wildmoossattel, 1.096 m.

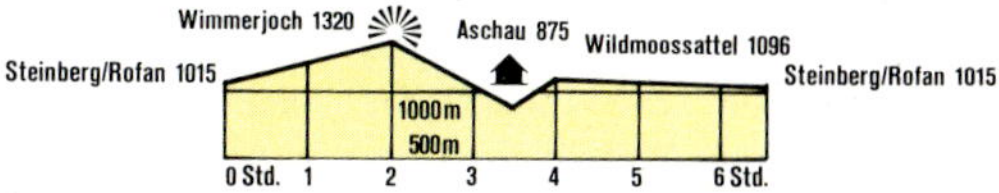

Ausgangspunkt: Steinberg am Rofan
Parken: Achenbrücke in der Schlucht der Steinberger Ache
Höhenunterschied: 420 m

Wanderzeit: 6½ Std.
Schwierigkeitsgrad: mittel!
Einkehr: Aschau, Ortsteil von Brandenberg (Gasthäuser)

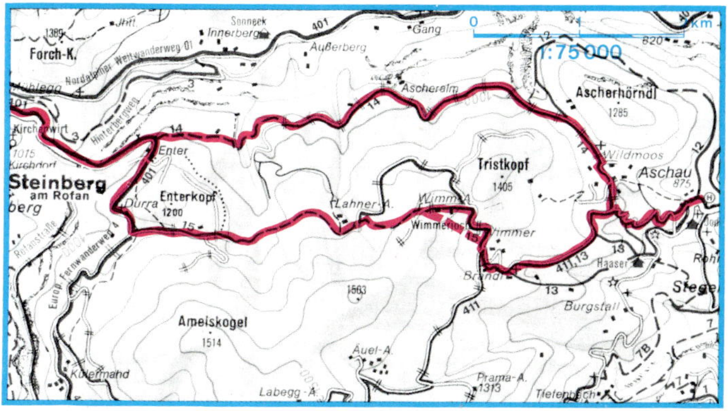

Tourenverlauf: Von der Kirche gelangt man nördlich auf dem Steig ins Mühlbachtal und rechts auf der Schotterstraße hinab zur Steinberger Ache und Brücke (Parkplatz, ohne Auto beträgt der zeitliche Mehrbedarf eine knappe Stunde). Die Straße steigt schnell an, passiert den Enterhof und darauf den Durrahof (Stempelstelle für Wandernadel) und gelangt bald an eine Wegegabel. Von hier setzen wir den Weg links, mäßig aufwärts, später eben und dann noch etwas abfallend in ein Bachbett fort. Jenseits davon geht es dann steil hinauf, vorbei an kleinen Hochmooren. Die Lahneralm bleibt links unten liegen; der mäßig steile Steig überquert bald eine Forststraße und erreicht schließlich das Wimmerjoch, 1.320 m. Nun nimmt man entweder die Forststraße nach links, oder man geht geradeaus und steil auf dem alten Steig hinab, passiert einige Höfe und gelangt nach Aschau, 875 m, mit vielen Einkehrmöglichkeiten (bisher 3½–4 Std.).
Beim Rückweg folgt man erst ein Stück der Straße, (Alpenvereinsweg 411) dann geht's beschildert rechts ab und schnell hinauf zum idyllischen Wildmoossattel, 1.096 m, mit kleinem Teich. Eine weitere Stunde bleiben wir auf der erst abfallenden, dann fast ebenen Forststraße, passieren die Aschauer Alm und erreichen die gut bezeichnete Abzweigung des alten Steiges nach rechts. Der Weg führt im Hochwald steil in eine romantische Bachschlucht, drüben wieder steil hinauf, dann auf einem Fuhrweg fast eben weiter, und am Ende abfallend auf die anfangs benutzte Straße.

35 **Bergwanderung:** Steinberg – Kögljoch, 1.487 m – Einbergalm, 1.409 m – Schmalzklausenalm

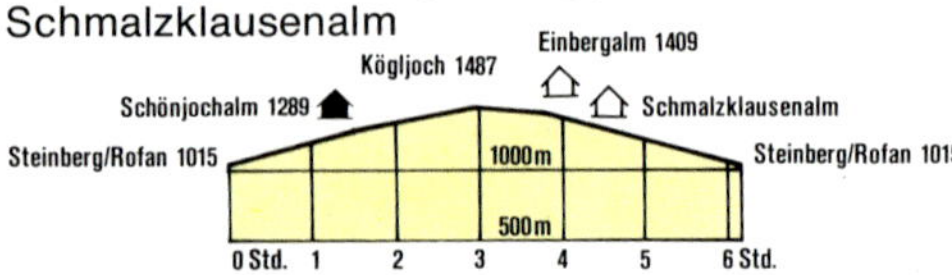

Ausgangspunkt: Steinberg am Rofan
Parken: bei der Kirche; am Rofanlift II.
Höhenunterschied: 470 m

Wanderzeit: 6¼ Std.
Schwierigkeitsgrad: mittel!
Einkehr: Schönjochalm

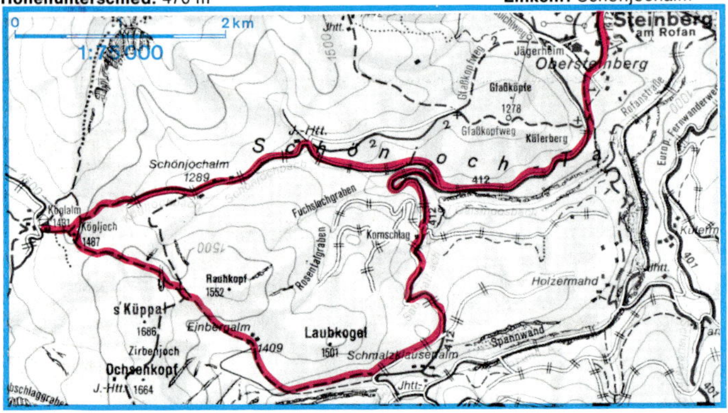

Tourenverlauf: Von der Kirche (Schild: Schmalzklausenalm) spaziert man südlich bis zum Waldrand und empor auf eine Forststraße (auf dieser direkt vom Parkplatz Rofanlift II). Dieser folgt man, fast eben, bis zur Gabelung. Dort hält man sich rechts, die Straße steigt an, wird wieder eben und zieht nach einer Schleife wieder in die Höhe, bis zur Schönjochalm, 1.289 m. Nun wie bei Tour Nr. 33 beschrieben, auf der Forststraße zu deren Ende und steil hinauf zum Kögljoch, 1.487 m (bisher 3 Std.). Einige Minuten westlich absteigend, kann man zur Köglalm wandern, eine gemütliche Jausenstation mit Blick auf die Seekarspitze, die Schreckenspitze und die Christlum-Lifte. Zur Einbergalm leitet ein leicht steigender und wieder fallender, etwas sumpfiger Steig, der einen Sattel erreicht und dann steiler (vorbei an zwei Brunnen) abfällt zur idyllischen Einbergalm, 1.409 m, mit schönem Blick aufs Rofangebirge. Der Steig fällt vom Almboden steil in den Hochwald ab, vereinigt sich mit einem fast ebenen Fuhrweg und zweigt schließlich links ab, um hoch über der Schlucht des Einbergbaches zur Schmalzklausenalm zu führen, 1.173 m, Brunnen (1½ Std.). Nördlich liegt ein kleiner Sattel; die Forststraße fällt dahinter erst steiler ab, wird fast eben, führt bei einer Holzarbeiterhütte vorbei und gelangt dann ins schluchtartige Tal des Geismoosbaches; so erreicht man die Straßengabel des Aufstiegswegs – der weitere Rückweg erfolgt dann wie oben beschrieben. (Als Variante kann man auch von der Schmalzklausenalm der Grundache unter der Spannwand entlang und über die Rofanstraße zum Ausgangspunkt zurück gelangen).

Zireiner See mit Rofanspitze, 2.259 m

36 **Bergtour:** Steinberg – Schauertal – Roßkogel, 1.940 m – Kreuzeineralm Hochleger, 1.610 m – Schauertal

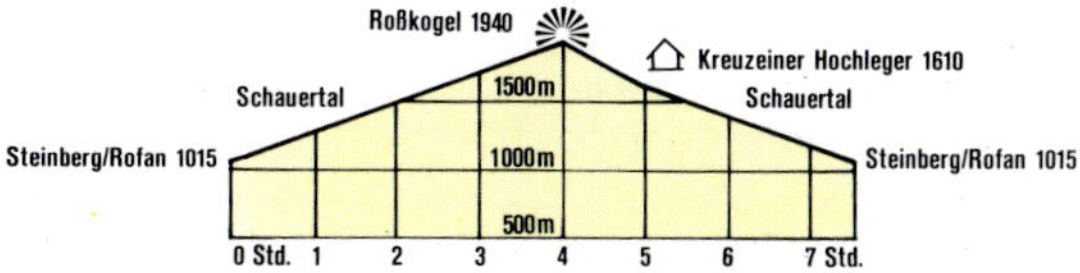

Ausgangspunkt: Steinberg am Rofan
Parken: Schranke der Forststraße, westlich vom Durrahof
Höhenunterschied: 820 m
Wanderzeit: 7½ Std.

Schwierigkeitsgrad: mittel!
Einkehr: keine; möglich: Abstieg unterhalb des Roßkogels zum ergrestaurant Kramsacher Sonnwendjochbahn.
Karte: siehe Seite 76

Tourenverlauf: Von der Kirche erreicht man wie bei der Wanderung Nr. 34 den Durrahof und weiter die Straßenschranke (mit Auto Zeitersparnis über eine Stunde!). Die Forststraße führt fast eben erst durch Hochwald, dann über die Wiesen der Küler-Mahd-Alm, vorbei an einer Holzarbeiterhütte und hier links, bald rechts steil ansteigend, ins Schauertal hinein. So erreicht man die Schauertalalm, 1.351 m; der

Pfad steigt nun teilweise sehr steil und mühselig durch Latschen und ein weites Kar zum Schauertalsattel an; rechts liegt der schöne Zireinersee. Wir nehmen den links steil emporziehenden Weg, erreichen das mattige Plateau der Roßwies und folgen dem Pfad hinauf zum Gipfel des Roßkogels, 1.940 m, mit Kreuz (bisher 4 Std.). (Abstecher zum Bergrestaurant: südlich absteigen, etwa 140 m; Zeitmehrbedarf 40 Minuten.) Es bietet sich vom Roßkogel eine schöne Fernsicht auf die das Inntal umrahmende Bergwelt. Rückweg: aufs Plateau zurück, dieses nach rechts querend, auf Alpenvereinsweg 411 erst über den Grat und dann durch Latschengassen hinab bis zum Wegweiser oberhalb der Kreuzeineralm, 1.610 m. Nicht zur Alm hinab! Links durch den mattigen Sattel und auf einem erst sehr steil abfallenden, dann fast ebenen und schließlich wieder steilen Pfad hinab zur Schauertalalm, dem ersten Ziel unseres Aufstiegsweges. Auf diesem, wie anfangs beschrieben, zurück.

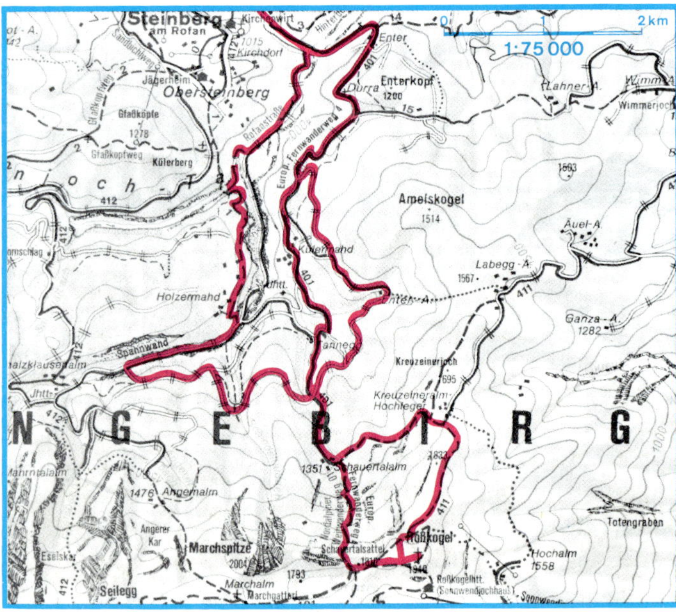

37 **Wanderung:** Steinberg – Enteralm, 1.226 m – Rofanstraße – Holzer Mahd – Gaismoosbach

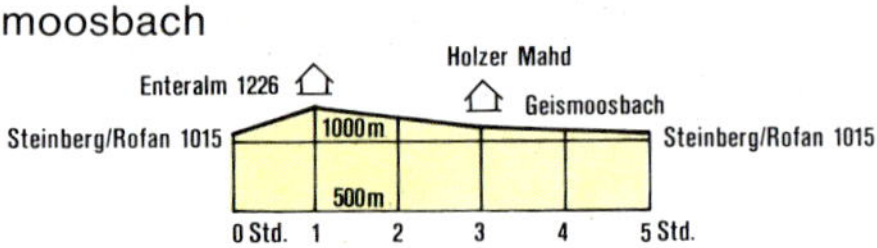

Ausgangspunkt: Steinberg, Kirche
Parken: Brücke Steinberger Ache
Höhenunterschied: 320 m

Wanderzeit: 5½ Std.
Schwierigkeitsgrad: leicht!
Karte: siehe oben

Tourenverlauf: Auf dem bei Nr. 36 beschriebenen Weg erreicht man die Achenbrücke, den Parkplatz und folgt der dann steigenden Straße über den Durra-Hof (Stempelstelle für Wandernadel) und die Straßenschranke bis zur Abzweigung links von Wanderweg 8. Diese Straße steigt in einer Kehre empor, verläuft eine Strecke fast eben und zieht dann wieder, meist durch Hochwald, empor zur Enteralm, 1.226 m. Die Straße weist von nun an relativ geringe Höhenunterschiede auf; man genießt schöne Blicke auf die Rofanwände. So passieren wir das Schauertal und das Schindeltal, die Straße fällt ab, nimmt von rechts den Wanderweg 9 auf und erreicht schließlich das Tal der Grundache. Während es in zehn Minuten links zur Schmalzklausenalm geht, führt unser Weg nach rechts auf der Rofanstraße bis zu einer Arbeiterhütte; wenige Meter dahinter zweigt der ›Holzer-Mahd-Weg‹ (Nr. 1) links ab. Beim Brunnen bleibt die Alm links liegen; ein schmaler Steig geleitet uns hoch über der Achenschlucht – schöne Blicke auf Guffert und Steinberg – weiter, fällt steil in den lieblichen Boden des Gaismoosbaches ab und führt rechts (Wanderweg 1 links!) abfallend, durch einen Tunnel, wieder auf die Rofanstraße, auf der man in kurzer Zeit den Parkplatz erreicht.

Steinberg am Rofan

38 **Bergtour:** Achensee – Koglalm, 1.286 m – Seekarspitze, 2.053 m.

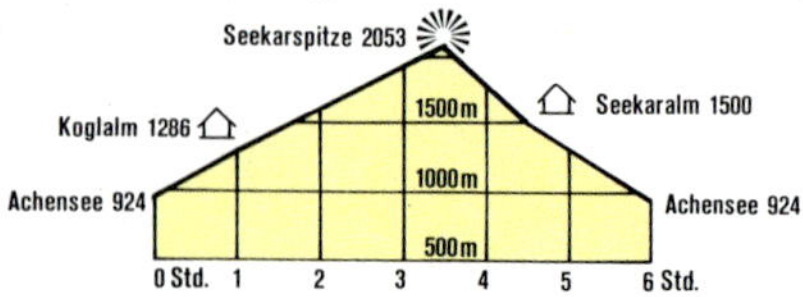

Ausgangspunkt: Ortsteil Achensee von Achenkirch
Parken: im Ortsteil Achensee
Höhenunterschied: 1.150 m
Wanderzeit: 6 Std.
Schwierigkeitsgrad: mittel; letztes Gratstück nur für Geübte!
Karte: siehe Seite 79

Tourenverlauf: Den Ortsteil Achensee erreicht man von der Kirche Achenkirch südlich auf der Ortsstraße in 35–40 Minuten. – Bei der Handlung Stubenböck zweigt man westlich ab; der Weg in das Oberautal bleibt rechts. Vorbei am Seebauern Hinterwinkl zieht eine Forststraße mäßig steil, in Kehren – dazwischen immer wieder vom alten Steig gequert – hoch über dem Achensee zur Koglalm, 1.286 m. Das Sträßchen wendet sich nach Westen; nach kurzer Zeit kann man auch links geradeaus den alten Steig einschlagen – Ziel ist die Seekaralm, 1.472 m. Oberhalb der Hütten beginnt der Gipfelsteig, der in kleinen Kehren und immer steiler werdend – nur für Geübte! – zur Seekarspitze, 2.063 m, emporklimmt (bisher 3½ Std.). Die Mühen werden durch großartige Blicke auf den Achensee, das östliche Karwendel, das Rofangebirge und gegen Süden (Alpenhauptkamm) belohnt.
Der Rückweg führt uns zunächst hinab zur Seekaralm; von hier aus folgen wir nach Süden dem abfallenden Forstweg, von dem bald ein direkter Steig im Hochwald abzweigt. So kommen wir ins Tal an der Straße ins Oberautal, die östlich (rechts) zum Ausgangspunkt zurückleitet.

39 **Bergwanderung:** Achensee – Köglalm, 1.431 m – Achenseehof

Ausgangspunkt: Achenkirch, Kirche oder Ortsteil Achensee
Parken: Am Sonnberglift oder an der Ortsstraße
Höhenunterschied: 500 m
Wanderzeit: 4½ Std. (von Achensee ¾ Std. weniger)
Schwierigkeitsgrad: leicht!
Einkehr: Köglalm
Karte: siehe Seite 79

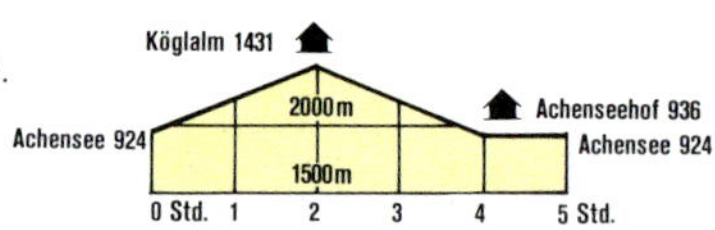

Tourenverlauf: Von der Kirche Achenkirchs gehen wir auf der Ortsstraße südlich bis zur nächsten Einfahrt in die Bundesstraße und auf ihr einen Kilometer südlich (– von Achensee 500 Meter nördlich).
Eine bezeichnete Forststraße zweigt östlich ab und führt bald im Wald, in weiten Kehren, mit schönen Blicken zum Achensee, hinauf zur Köglalm, 1.431 m, bewirtschaftet. – Eine andere Möglichkeit: nahe dem Gasthof Mayer an der Bundesstraße in Achensee spazieren wir auf dem alten Waldsteig hinauf zur Alm. Wenige Minuten östlich steigend erreicht man das Kögljoch, 1.487 m: Weiterwanderung nach Steinberg. Schöne Fernblicke ins Karwendel. Der Rückweg ist ›Achenseehof‹ bezeichnet; es geht steil bergab, und schließlich stößt man auf eine Forststraße, der man zum Hotel Achenseehof folgt.

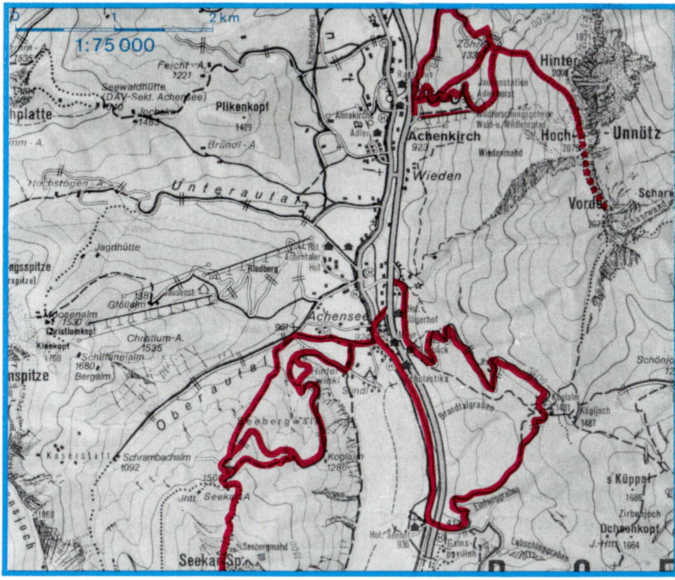

40 **Bergtour:** Achenkirch – Zöhreralm, 1.339 m – Hochunnütz, 2.075 m

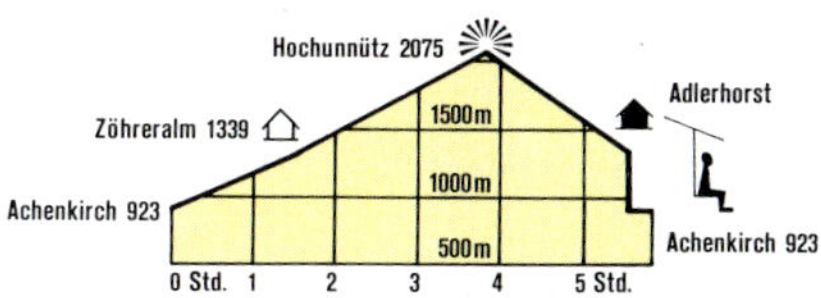

Ausgangspunkt: Achenkirch, Sonnberglift
Parken: beim Sonnberglift, Talstation
Höhenunterschied: 1.150 m
Wanderzeit: $6^{1}/_{2}$ Std.; bei Benützung des Sonnberglifts $5^{3}/_{4}$ Std.
Schwierigkeitsgrad: mittel!
Einkehr: Bergrestaurant Sonnberglift (Adlerhorst)

Tourenverlauf: Beim Parkplatz an der Talstation des Sonnberglifts zweigt nördlich eine ansteigende Forststraße ab, von der bald rechts der noch erhaltene alte Steig abgeht; auf beiden Wegen erreicht man die Zöhreralm, 1.339 m. – Man kann jedoch nach wenigen 100 Metern Weg von der Forststraße rechts abzweigen und zur Jausenstation Adlerhorst, 1.230 m, aufsteigen, die auch mit dem Sessellift erreichbar ist; dann führt ein bezeichneter schöner Waldsteig zur Zöhreralm hin. Von der Alm steigt der Pfad stark an; zuerst durch Latschen und über Matten, dann über Schrofen und Geröll. Man erreicht einen Sattel, (Kreuz) und wendet sich südlich aufsteigend zum Gipfel des Hochunnütz, 2.075 m (bisher $3^{3}/_{4}$ Stunden). Von hier lohnt sich der oft durchgeführte Übergang zum Vorderunnütz (nur für Geübte, Pfadspuren, 1 Std.). Rückweg wie Anstieg oder wie bei Tour Nr. 33 beschrieben.

41 **Bergtour:** Achenkirch – Hochplatte, 1.814 m

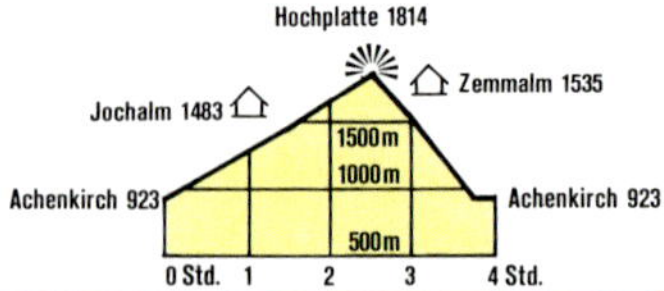

Ausgangspunkt: Achenkirch
Parken: Parkplatz Christlumlifte
Höhenunterschied: 890 m
Wanderzeit: $4^3/_4$ Std.
Schwierigkeitsgrad: leicht!

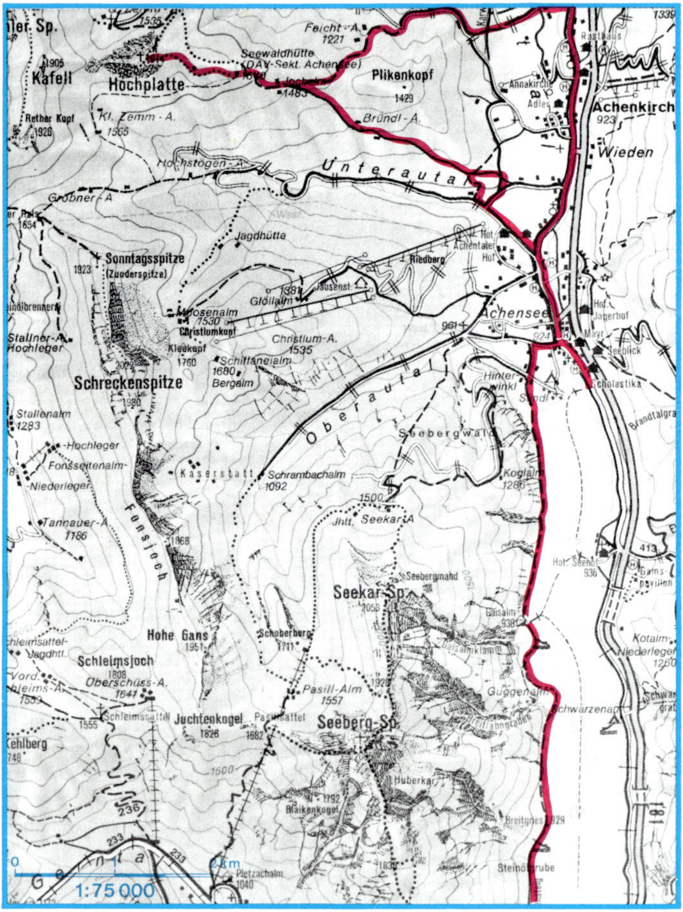

Tourenverlauf: Den Parkplatz der Christlumlifte erreicht man vom Zentrum Achenkirch in $^1/_2$ Std., vom Ortsteil Achensee nördlich in 20 Minuten. Vom Parkplatz überquert man nördlich die Betonbrücke und gelangt am Waldrand zu einem Kreuz; ein Waldpfad steigt stark an und vereinigt sich mit einem breiteren, allgemein nordwestlich ansteigenden Weg zur Bründlalm. Hinter ihr geht's steiler empor zur Jochalm, 1.483 m. Diese erreicht man auch direkt von der Bushaltestelle nördlich der Kirche, bei der Tabaktrafik, westlich auf Weg Nr. 6, auf dem man zur Feichtlalm, 1.221 m, ansteigt und schließlich auf steilem Pfad zur Jochalm gelangt (beide Wegzeiten $1^{1}/_{2}$ Std.). Der nun recht steile Forstweg kommt zur Seewaldhütte, 1.582 m, von der aus ein schmaler Steig direkt zum Gipfel der Hochplatte, 1.814 m, führt (bisher 3 Std.). Rückweg wie Aufstieg.

Maurach mit Achensee

42 **Wanderung:** Pertisau – Gaisalm, 930 m, – Achensee

Ausgangspunkt: Pertisau
Parken: beim Schwimmbad
Höhenunterschied: gering
Wanderzeit: $2^{1}/_{2}$ Std.
Schwierigkeitsgrad: mittel!
Einkehr: Gaisalm
Karte: siehe Seite 80

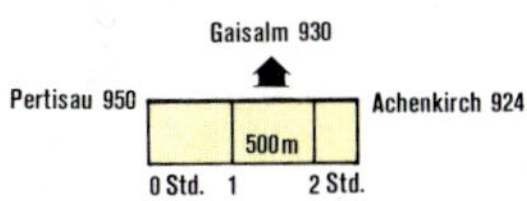

Tourenverlauf: Von Pertisau, wo wir den Pkw beim Schwimmbad abstellen, wandern wir auf dem breiten Weg (Fahrverbot) an der Werft der Achenseeschiffe vorbei bis zum Schranken, dort beginnt der erste Wegabschnitt, eine gemütliche, befestigte Promenade, die an der Prälatenbuche ($^{1}/_{4}$ Std.) vorbei entlang des Achensees einen bequemen Spaziergang erlaubt. Über Stufen gelangt man zu einem Bach, der überquert wird. Einfacher, aber schöner in seiner Anlage gibt sich der Weiterweg, der durch Latschengebüsch, mit wechselnden Ausblicken auf den See bis zu einem Baum mit Bank führt. Dort beginnt der mit »nur für Geübte, bei Regen und Schlechtwetter ungangbar« bezeichnete Steig, der im ersten Wegabschnitt Schwindelfreiheit erfordert. Ein Blechdach, auf den ein Wasserfall herniederprasselt, wird im Eilschritt passiert. Der ausgesetzte Steig endet im Breitgries, von wo man in 20 Minuten bis zum Breitlahnbach gelangt, der den Schwemmkegel aufschüttete, auf dem die Gaisalm zur Rast einlädt. An einem Wasserfall und einem mit einer schönen Brandungskehle versehenen Felsblock vorbei steigen wir wieder hoch über den See an, queren einige Bäche und erreichen nach 2½ Std. Achenkirch, von wo man am besten mit dem Schiff den prachtvollen Ausflug abrundet, indem man nach Pertisau zurückkehrt.

43 Bergwanderung: Pertisau – Plumsjochhütte, 1.630 m – Mondscheinspitze, 2.106 m

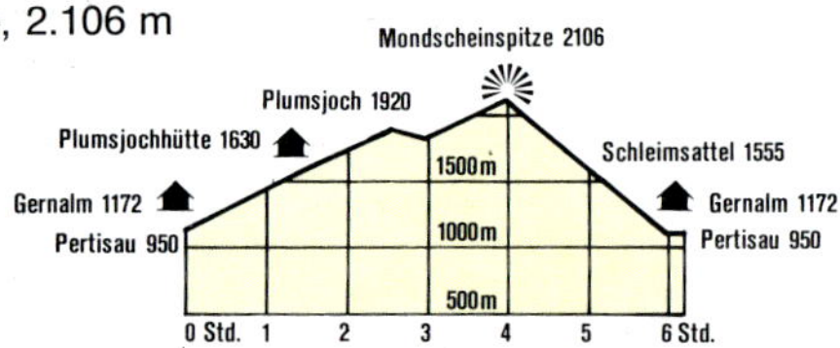

Ausgangspunkt: Pertisau
Parken: Gernalm
Höhenunterschied: 930 m

Wanderzeit: 6¼ Std.
Schwierigkeitsgrad: zur Hütte leicht! Gipfel nur für Geübte!
Einkehr: Gernalm, Plumsjochhütte

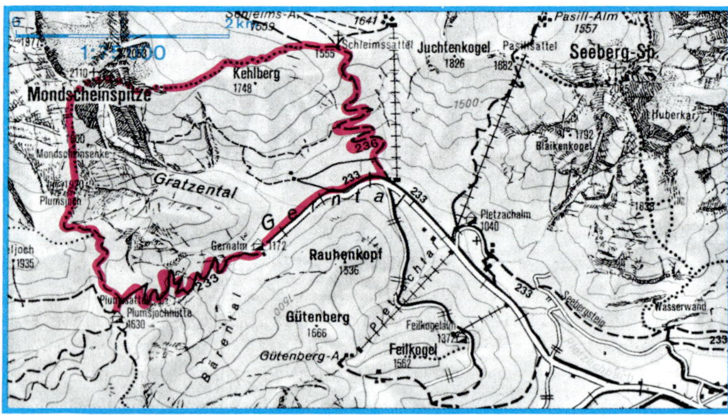

Tourenverlauf: Auf der Mautstraße fährt man von Pertisau bis zur Gernalm an. Ein breiter, in zahlreichen Kehren bergan führender Karrenweg bringt uns rasch höher, wobei es großteils durch aus dem Fels gesprengte Wegabschnitte geht. Etwa 1½ Stunden rechnet man für den Aufstieg. Für den Wanderer endet die Tour bei der aussichtsreich am Sattel gelegenen Plumsjochhütte, 1.630 m. Der Bergsteiger kann zwischen der Besteigung der Bettlerkarspitze, 2.268 m (zweistündiger Anstieg) und der Mondscheinspitze, 2.106 m (2½ Std.) wählen. Letztere ist unser Ziel. Über die Bergwiesen geht es zunächst nördlich dem Latschengürtel zu. Der Rücken wird im Anstieg zuerst nach links, dann wieder nördlich zum Plumsjoch, 1.921 m, benutzt. Jetzt geht es wieder leicht bergab in die Mondscheinsenke. Durch einen Latschenschlag steigen wir direkt zum Südgrat an, der den Aufstieg zum prachtvollen Gipfel vermittelt (Trittsicherheit und Schwindelfreiheit erforderlich!). Für den Abstieg bietet sich die etwas leichtere Variante über den Ostgrat (kurzer Gegenanstieg durch eine Rinne) hinunter auf den Grasrükken und zum Schleimsattel an, von dem ein guter Weg hinunter in das Ferntal führt. $^1/_4$ Std. benötigt man zurück zur Gernalm.

44 **Wanderung:** Pertisau – Gramaialm – Gramaialm Hochleger, 1.733 m – Lamsenjochhütte, 1.953 m – Gramaialm

Ausgangspunkt: Pertisau
Parken: Gramaialm
Höhenunterschied: 820 m
Wanderzeit: 5 Std.
Schwierigkeitsgrad: mittel!
Einkehr: Gramaialm, Hochleger, Lamsenjochhütte

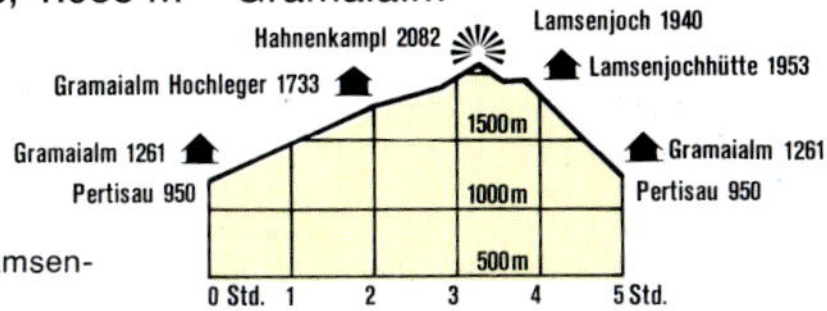

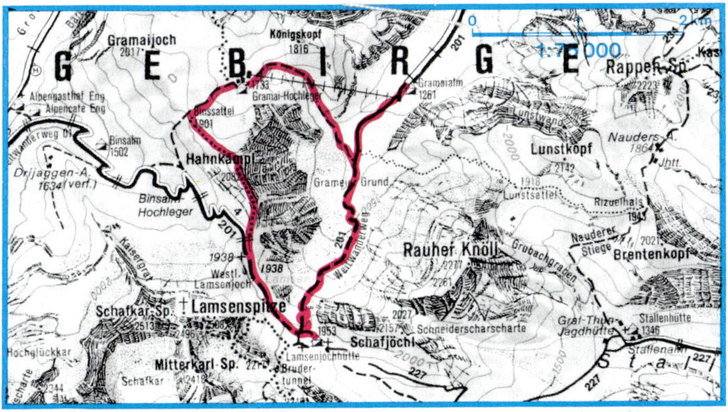

Tourenverlauf: Eine gern ausgeführte Tour ist diese Rundwanderung von Hütte zu Hütte, die angesichts der wechselnden Ausblicke sehr lohnend ist. Vom Parkplatz (Ende der Mautstraße) beim Gasthof Gramaialm wandern wir in den Talschluß, wo es beim Wegweiser Gramaialm-Hochleger rechts ab geht. Durch die Latschenzone steigen wir zuerst südlich, dann nördlich des Grabens aufwärts und erreichen nach knapp zweistündiger Wanderung die Hütte. Nach einer kurzen Pause erreichen wir in $^1/_2$ Std. den Binssattel, 1.901 m. Nun bleiben wir am Kamm, der uns auf den Gipfel des Hahnkampls führt. Im Abstieg nach Süden über den felsigen Grat ist etwas Vorsicht geboten. Schon nach kurzer Zeit erreichen wir das Lamsenjoch, 1.940 m. Nahezu eben verläuft jetzt der Übergang zur Lamsenjochhütte. Der Abstieg von der Hütte in das Falzturntal führt ein kurzes Stück westlich zurück, bringt uns an einer Quelle vorbei und zieht in zahlreichen Serpentinen durch das Schuttfeld und durch Latschen in den Gramaier Grund.

45 **Bergwanderung:** Pertisau – Zwölferkopf, 1.488 m – Weißenbachalm, 1.550 m – Seespitz

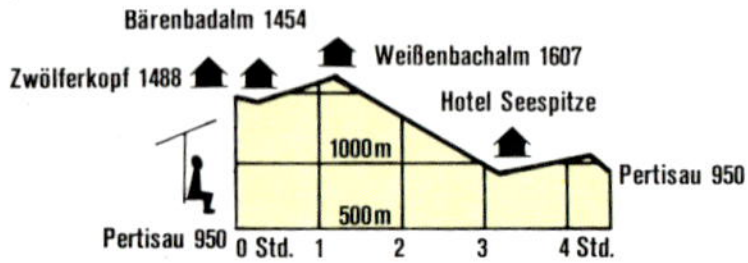

Ausgangspunkt: Pertisau
Parken: Talstation Karwendellift
Höhenunterschied: 620 m
Wanderzeit: mit Liftbenützung $4^1/_2$ Std., ohne $5^1/_2$ Std.
Schwierigkeitsgrad: leicht!
Einkehr: Bärenbadalm; Weißenbachalm

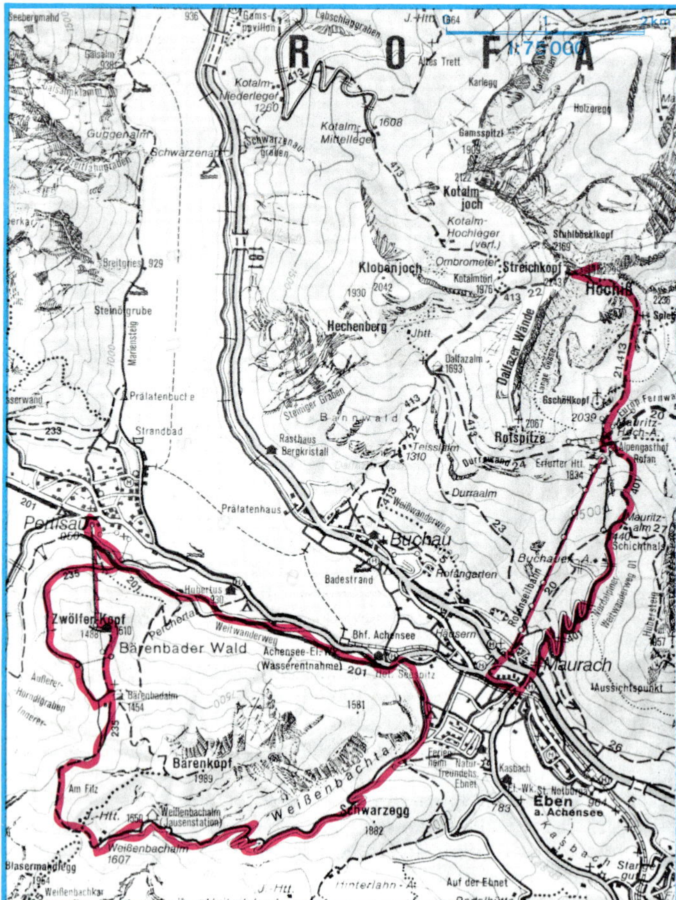

Tourenverlauf: Die Talstation des Karwendellifts ist in zehn Minuten von Ortsmitte Pertisau erreichbar. Mit dem Lift geht es auf den Zwölferkopf, 1.488 m, mit besonders schönem Blick auf Achensee und ins Ostkarwendel. (Nahebei Bergrestaurant, 1.510 m.) Südlich führt ein fast ebener Weg in kurzer Zeit zur Bärenbadalm, 1.454 m, bewirtschaftet (zu Fuß erreicht man die Alm auf dem bezeichneten Weg Nr. 235, meist durch Wald, im letzten Drittel recht steil). Weiter geht's südlich, auf dem Alpenvereinsweg 235, ansteigend zu einem Bergsattel (von dem aus man in ³/₄ Std. nordöstlich den Bärenkopf, 1.989 m, ersteigen könnte) und dann etwas abwärts, östlich schwenkend, zur Jausenstation Weißenbachalm, 1.550 m. Hier nimmt uns ein breiter Forstweg auf; es geht stetig bergab, oft in Kehren. Schließlich verläßt man (Wegtafel) das Weißenbachtal nach links und erreicht beim Hotel Seespitz das Südende des Achensees. Von hier aus stehen entweder die Seestraße oder der bezeichnete Waldweg für die Rückkehr nach Pertisau zur Wahl. Letzterer führt in sanftem Anstieg durch Hochwald und breite Schläge entlang der Forststraße zum Lift zurück.

46 Bergtour: Maurach – Rofanseilbahn – Erfurter Hütte, 1.834 m – Hochiß, 2.299 m

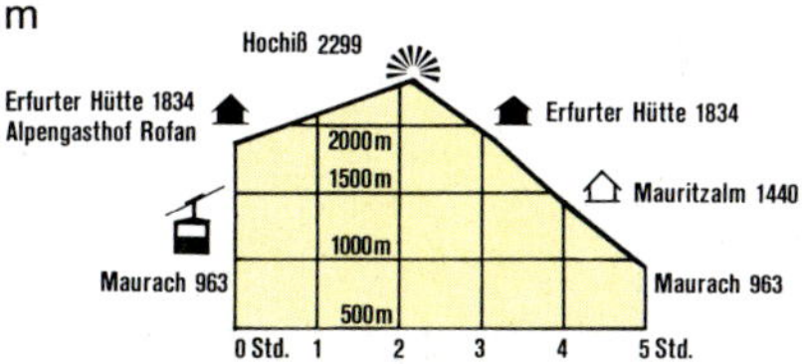

Ausgangspunkt: Maurach
Parken: Talstation Rofanseilbahn
Höhenunterschied: 1.340 m
Wanderzeit: 5 Std.
Schwierigkeitsgrad: mittel; Hochißsteig nur für Geübte!
Einkehr: Erfurter Hütte, Alpengasthof Rofan
Karte: siehe Seite 84

Tourenverlauf: Vom Gasthof Hanslwirt in Maurach kommt man in fünf Minuten zur Talstation der Rofanseilbahn, die uns in knapp zehn Minuten zur Erfurter Hütte, 1.834 m, hinaufbringt; dicht daneben liegt der Alpengasthof Rofan. Nun geht's nördlich, etwas abwärts, vorbei am Hochleger der Mauritzalm, und dann steil hinauf, an der Ostflanke des vorspringenden Gschöllkopfs, teilweise mit Drahtseilsicherung, zu einem Sattel. Zunächst eine Weile fast eben weiter; dann schwenkt der Steig nach links und erklimmt steil unter den glatten senkrechten Felsen hindurch den Hauptkamm westlich des Gipfels. Über den schmalen Felsgrat gelangt man mühelos in wenigen Minuten zur Hochiß, 2.299 m, dem höchsten Rofangipfel (bisher 2¹/₄ Std.) Großartige Rundumaussicht bis zu den Zentralalpen! Zurück steuern wir zunächst die Bergstation der Seilbahn an; bei den Almhütten kurz vor der Erfurter Hütte zweigen wir links ab, um auf steilen Serpentinen hinab zum Niederleger der Mauritzalm zu gelangen. Wir passieren die Mauritz-Rasthütte und erreichen bei der Talstation des Mauritzlifts die breite Forststraße, die in vielen Kehren abfällt und unweit des Ausgangspunktes in die Bundesstraße mündet.

47 **Bergtour:** Maurach – Rofanseilbahn – Rofanspitze, 2.259 m – Höhenweg – Erfurter Hütte, 1.834 m – Rofanseilbahn

Ausgangspunkt: Maurach
Parken: Talstation Rofanseilbahn
Höhenunterschied: 1.300 m
Wanderzeit: 5¼ Std.
Schwierigkeitsgrad: mittel!
Einkehr: Erfurter Hütte, Alpengasthof Rofan

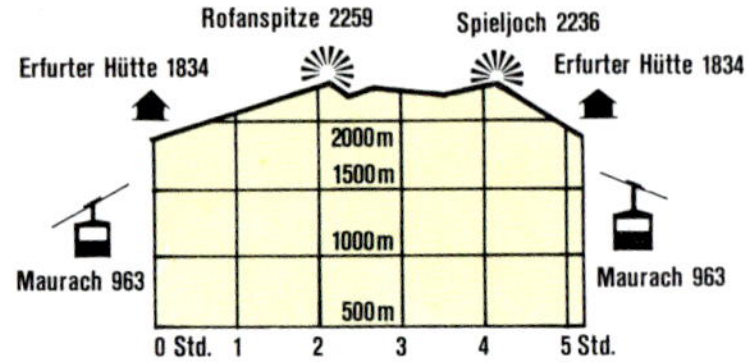

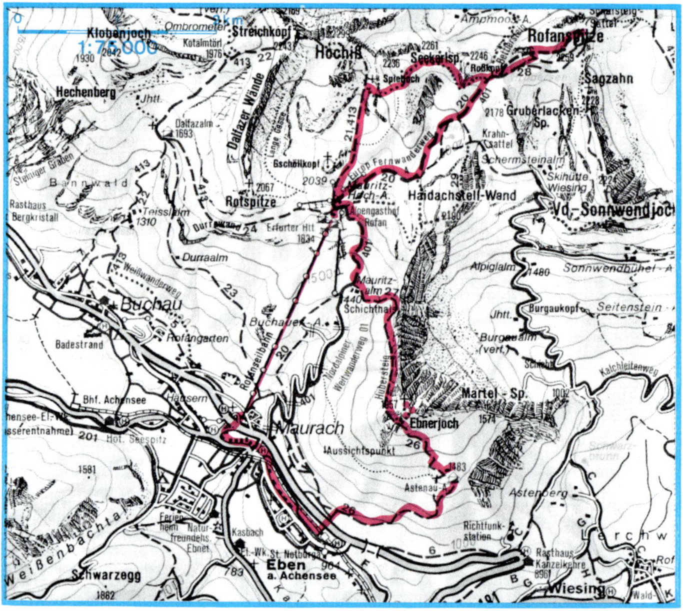

Tourenverlauf: Von der Bergstation bei der Erfurter Hütte geht's rechts ab, eine Weile fast eben, vorbei an der Quelle der Hütte, dann kräftig ansteigend über die Felstreppen der Grubastiege zu einem Sattel. Etwas links haltend, gehts hinab in eine flache Mulde, wobei der Tümpel der Grubalacke links bleibt; allmählich steiler und in Serpentinen empor zur schmalen Grubascharte, 2.102 m (rechts kleine Quelle). Hinter der Scharte sieht man rechts unten den schönen Grubasee liegen. Nun wandern wir eben weiter und biegen bei der Wegtafel links ab, um steil auf den Gipfel der Rofanspitze, 2.259 m zu gelangen, (bisher 2¼ Std.). Der Rückweg führt uns zuerst wieder zur Grubascharte, dann aber geradeaus auf schmalem Steig weiter, in weitem Linksbogen den massiven Felsklotz des Roßkogels umgehend, steil dicht unter den Kamm bei der Roßkarlscharte empor. Nun wandern wir ein wenig ebener, die südlich abgehenden Schrofen der Seekarlspitze querend, bis knapp hinauf zur Seekarlscharte, und schließlich steil, in kleinen Kehren, auf die steile Westabdachung des Spieljochs, 2.236 m. Das letzte Stück erfordert gute Trittsicherheit. Nun steht das Massiv der Hochiß dicht vor uns; wir steigen in steilen Kehren ab in die weite Mulde unter der Hochiß, wenden uns nach links und erreichen – Aufstiegsweg Nr. 46 – steil hinab, die Erfurter Hütte (Seilbahn).

Blick von der Mauritz Hochalm zum Ebner Joch, 1.957 m

48 **Bergtour:** Maurach – Rofanseilbahn – Ebner Joch, 1.957 m

Ausgangspunkt: Maurach
Parken: Talstation Rofanseilbahn
Höhenunterschied: 1.000 m
Wanderzeit: $5^1/_2$ Std.
Schwierigkeitsgrad: mittel!
Einkehr: Astenaualm
Karte: siehe Seite 86

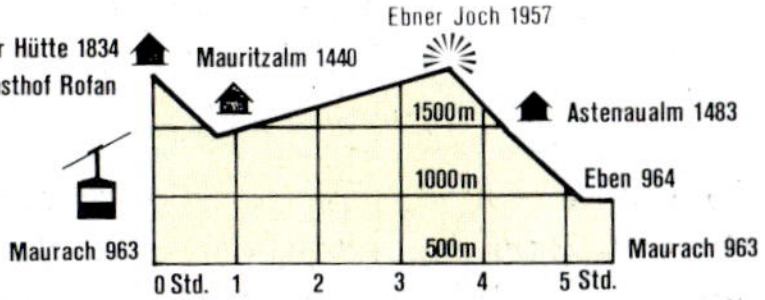

Tourenverlauf: Mit der Rofanseilbahn gelangen wir mühelos empor zur Erfurter Hütte, 1.834 m. Nördlich gehen wir etwas abwärts und biegen bei den Almhütten rechts ab. Steile Kehren bringen uns tief hinab zum Niederleger der Mauritzalm, 1.440 m, wo wir nach links, dem ›Heinrich-Huber-Steig‹ folgend, abzweigen. Dieser Steig führt erst eben und dann steiler auf einen Sattel zu, wendet sich aber unterhalb des Kamms scharf rechts und gewinnt, mäßig steil steigend, durch Latschengassen, den südlich des Gipfels herabziehenden Rücken; auf diesem erreichen wir in kleinen Kehren das Ebner Joch, 1.957 m (bisher $3^1/_2$ Std.). Der Rückweg führt über die bewirtschaftete Astenaualm talwärts und kehrt von der Notburga-Kirche in Eben nach Maurach zurück.

49 **Bergwanderung:** Buchau – Dalfazeralm Hochleger, 1.693 m – Erfurter Hütte, 1.834 m

Ausgangspunkt: Buchau am Achensee, Ortsteil von Maurach; Maurach
Parken: Talstation Rofanseilbahn
Höhenunterschied: 870 m
Wanderzeit: $3^1/_4$ Std.
Schwierigkeitsgrad: leicht!
Einkehr: Jausenstation Dalfazeralm; Erfurter Hütte

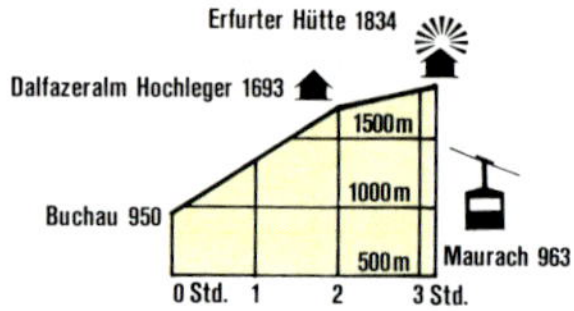

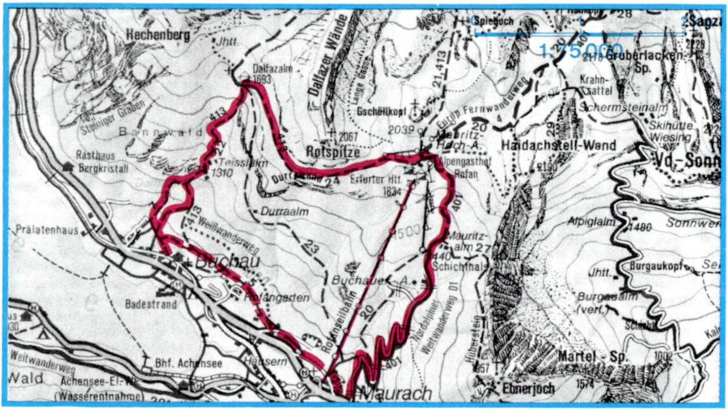

Tourenverlauf: Buchau, Ortsteil von Maurach, erreicht man vom Ort und vom Parkplatz aus nördlich auf der Straße oder auf dem bezeichneten Waldweg in $^1/_2$ Std. Vom Hotel Buchau wandert man am Waldrand mäßig steil empor, am Dalfazer Bach dann in steilen Serpentinen hinauf zum Dalfazeralm Niederleger, 1.299 m, und, in der weiten mattigen Mulde, recht steil zum Hochleger, 1.693 m, mit Jausenstation, empor. Nun führt nach Süden ein relativ breiter Weg, der langsam steigt und zauberhafte Blicke hinab zum Achensee vermittelt. Wir umgehen die vorspringende Rotspitze, erreichen die weite Mulde, wo rechts die Schneise der Schiabfahrt abzweigt, und steigen hinauf zur Hütte, 1.834 m. Zurück mit der Seilbahn – oder zu Fuß wie bei Nr. 46 beschrieben; die Seilbahnbenützung bringt $1^3/_4$ Stunden Zeitersparnis.

50 **Bergtour:** Wiesing/Münster – Schermsteinalm, 1.859 m – Rofanspitze, 2.259 m

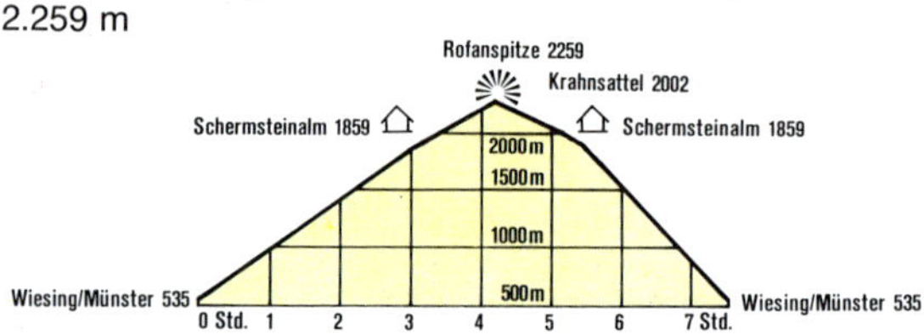

Höhenunterschied: 1.720 m
Wanderzeit: $7^1/_2$ Std.
Schwierigkeitsgrad: mittel!

Ausgangspunkt: Kirche Wiesing; Kirchenwirt Münster
Parken: innerhalb der Orte

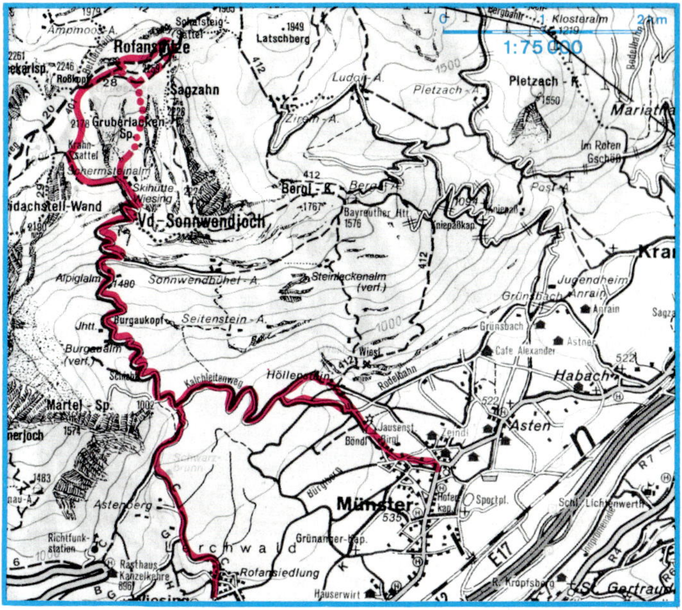

Tourenverlauf: Von der Kirche Wiesing geht es erst östlich und dann nördlich auf dem Wanderweg C bis oberhalb des Weilers Astenberg; dann rechts ab: Wanderweg L – beim Kirchenwirt in Münster bezeichnet zum Ortsteil Höllenstein und dort links, auf dem Kalchleitenweg, ansteigend zur Vereinigung mit Wanderweg L. Die Forststraße steigt nun weiter in Kehren an und erreicht die Alpiglalm, 1.380 m; dahinter geht's weiter steil empor, vor den Wänden der Haidachstellwand links und dem Vorderen Sonnwendjoch rechts, bis zur lieblich an die Wände geduckten Schermsteinalm, 1.859 m. Nördlich weiter auf nicht bezeichnetem Steig, der bald auf den Felsstufen der Melkerstiege den Zugang zu einer Mulde erklimmt, aus der man, steigend, verfallene Almhütten passiert. Dann geht's nur noch auf Wegspuren steil hoch, man hält sich nach rechts und stößt schließlich auf einen von Westen herziehenden breiten Weg, der (nach rechts) zum Schafsteigsattel hinführt. Von hier gelangt man auf dem westlich einbiegenden grasigen Grat hinauf zur Rofanspitze, 2.259 m, mit ihrer umfassenden Rundumsicht (bisher $4^1/_4$ Stunden).

Rückweg: westlich hinab zur Grubascharte (Tour Nr. 47); wir steigen Richtung Erfurter Hütte ab, biegen jedoch bald links ab, hinüber zum Krahnsattel, 2.002 m. Unter den Wänden der Heidachstellwand und Grubalackenspitze gelangen wir in steilen Kehren hinab zur Schermsteinalm; von dieser Alm aus benützen wir den Anstiegsweg nach Hause.

51 **Bergtour:** Kramsach – Sonnwendjochbahn – Bayreuther Hütte, 1.576 m – Vorderes Sonnwendjoch, 2.224 m – Sonnwendbühelalm, 1.637 m

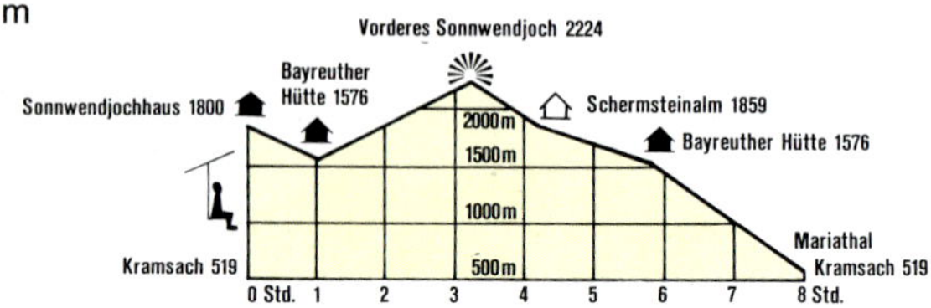

Ausgangspunkt: Kramsach
Parken: Talstation Sonnwendjochlift
Höhenunterschied: 1.690 m
Wanderzeit: 8 Std.
Schwierigkeitsgrad: mittel!
Einkehr: Bergrestaurant Sonnwendjochlift; Bayreuther Hütte

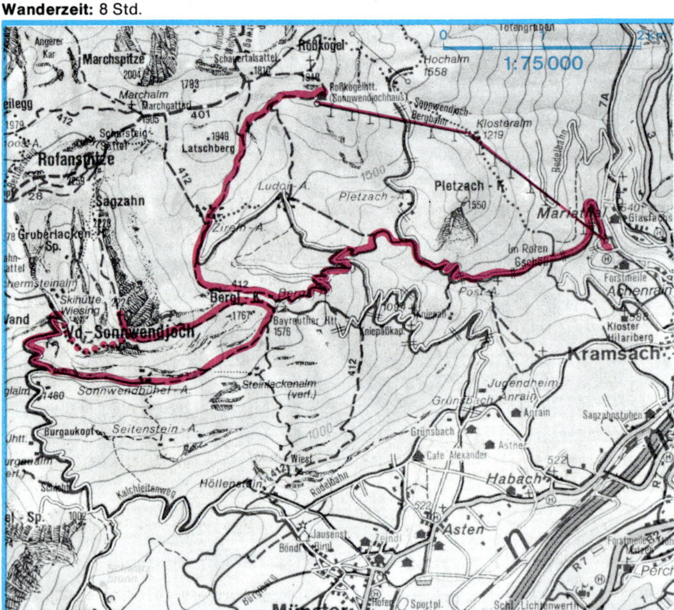

Tourenverlauf: Mit dem Sonnwendjochlift geht es in 2 Etappen hoch zur Bergstation, etwa 1.800 m, mit Bergrestaurant. Bei der Wegtafel hinter dem Gasthof gelangt man fast eben, steile Latschenhänge querend, auf einen Almweg, auf diesem 100 Meter rechts, und dann bei der Wegtafel links, an einer Quelle vorbei, leicht abwärts, die Zireinalm, 1.695 m. Man folgt der abfallenden Forststraße bis zur ersten Kurve, steigt hinter dem Almgatter steil in eine Mulde, und gelangt dann, etwas auf und ab, durch lichten Wald zur Bayreuther Hütte, 1.576 m: herrlicher Inntal- und Gebirgsblick. Der gut bezeichnete Gipfelweg steigt steil zu einem Sattel an, wendet sich dort mehr nach Westen und erklimmt über schrofige Hänge einen vorgelagerten Sattel, 2.134 m, und

Blick von der Rofanspitze zum Vorderen Sonnwendjoch, 2.224 m

schließlich über den Ostgrat den Gipfel des Vorderen Sonnwendjochs, 2.224 m, mit Kreuz: umfassende Rundsicht! (bisher 3¼ Std.) Für den Rückweg nehmen wir zunächst ein Stück abwärts den Ostgrat, biegen dann aber bei der Tafel rechts ab und steigen steil hinab zur Schermsteinalm, 1.859 m. Die Forststraße links fällt mäßig steil ab bis oberhalb der Alpiglalm, 1.480 m, wo man die Forststraße nach Osten, also links, nimmt. Es geht über meist freie Mattenhänge, etwas durch lichten Wald, über die Sonnwendbühelalm, 1.637 m, leicht fallend zur Bayreuther Hütte (2½ Std.). Beim weiteren Abstieg können wir in Teilstücken dem alten Steig folgen oder die Forststraße nehmen, die vorbei am Pletzachgatterl, in einer tiefen Mulde, abfällt, später sich durch die Felstrümmerwildnis des ›Roten G'schöß‹ windet und am Ende in einer weit ausholenden Kehre unweit des Parkplatzes im Tal endet (2¼ Std.).

52 **Wanderung:** Kramsach – Berglsteiner See, 750 m (- Bauernhof-Museum)

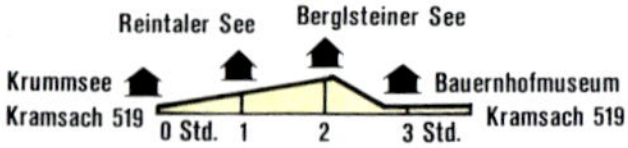

Ausgangspunkt: Rathaus Kramsach
Parken: Parkplätze im Ort
Höhenunterschied: 240 m

Wanderzeit: 3¾ Std.
Schwierigkeitsgrad: leicht!
Einkehr: Gasthäuser an den Seen

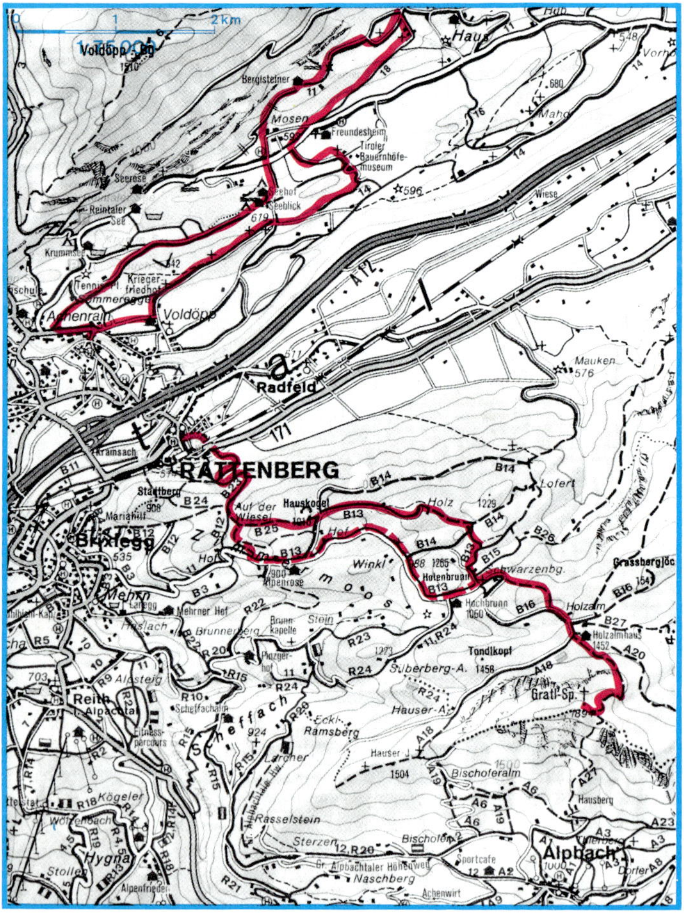

Tourenverlauf: Beim Rathaus in Kramsach überquert man die Ache, nimmt ein kurzes Stück die Straße nach links und zweigt rechts auf einen Wiesenpfad ab, der über den Fuchsbühel und dann durch Wald, leicht abfallend, die von Kramsach kommende Autostraße erreicht. Auf

ihm gelangen wir, vorbei am kleinen Buchsee, zur Badeanstalt am Krummsee. Jetzt gehen wir auf dem Fahrweg zwischen den Seen nach Nordosten weiter, nach den Seen links haltend, und wandern über den waldigen Höhenrücken zum Ostende des ruhigen Reintalersees. Jausenstationen! Nördlich liegt der Weiler Moosen; oberhalb von ihm stößt man auf den Fahrweg, der durch den schönen Hangwald hinauf zum Berglsteinsee, 750 m, führt. Der idyllische See liegt unter Felsabbrüchen in tiefem Wald. Gastwirtschaft; bisher etwa 2¼ Std. – Rückweg: weiter auf dem östlich verlaufenden Sträßchen bis zur Abzweigung des Breitenbacher Wanderwegs 18; dieser bringt uns nach Moosen und auf dem Anstiegsweg zurück – oder längs des Reintalersees.
Tiroler Bauernhöfe-Museum: Vor Gasthof Freundsberg bei Moosen folgt man südlich einem bezeichneten Weg zu diesem einzigartigen Höfe-Museum, das laufend erweitert wird; Mehraufwand eine gute Stunde.

53 Wanderung: Rattenberg – Holzalmhaus, 1.452 m – Gratlspitz, 1.894 m

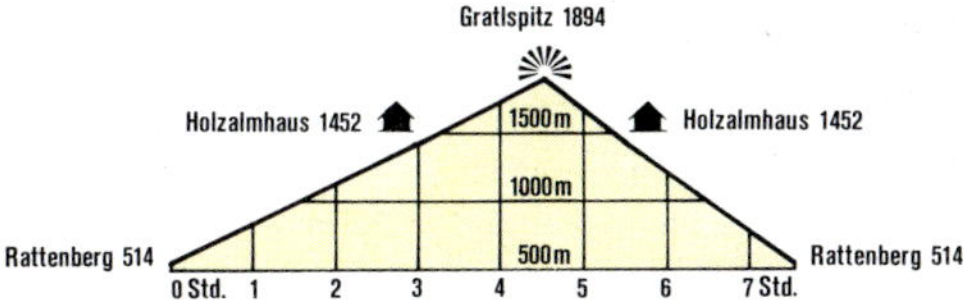

Ausgangspunkt: Rattenberg
Parken: in der Stadt
Höhenunterschied: 1.380 m

Wanderzeit: 7½ Std.
Schwierigkeitsgrad: mittel!
Einkehr: Hochbrunn, Holzalmhaus

Tourenverlauf: Vom großen Parkplatz östlich der Stadtmitte folgen wir der Bundesstraße 1 bis zum Bahndurchlaß. Danach zweigen wir rechts auf den guten Weg ab, der uns in den Sattel zwischen dem Hauskogel und Stadtberg bringt. Auf der Wiesel schwenkt man links zum Hauskogel ein. Nach der Kuppe geht es wieder etwas bergab, bis wir den Fahrweg erreichen, der zum Hof namens Holz führt. Nach dem Tälchen wenden wir uns südlich der Schwarzenbergkapelle zu (2 Std. von Rattenberg; über Brixlegg ist die Pkw-Zufahrt bis hierher möglich). Entweder am Fahrweg oder am schönen Waldweg erreichen wir nach einer weiteren Gehstunde das inmitten weiter Almwiesen gelegene Holzalmhaus. Für den Anstieg zum Gratlspitz, einem erstrangigen Aussichtsberg hoch über dem Inn- und Alpbachtal, rechnet man 1½ Std. Bis auf ein kurzes Stück Seilsicherung beim steilen Graben nahe des ehemaligen Bergwerkes ist der Gipfelaufstieg nicht schwierig. Der Abstieg erfolgt am Anstiegsweg. (Variante: Nach dem Gasthof Alpenrose auf Zimmermoos kann man bei der ersten Linkskehre rechts abbiegend über den Sattel »auf der Wiesel« nach Rattenberg gelangen, was eine Abkürzung von etwa ½ Std. bringt.) – Freilich kann man die Wanderung um einiges abkürzen, indem man per Pkw über Brixlegg auf dem guten Bergsträßchen bis zum Schwarzenberghof anfährt. Von dort geht es am Fahrweg oder durch den Hochwald in einer Stunde zum Holzalmhaus.

54 Wanderung: Kundl – Kundler Klamm

Ausgangspunkt: Kundl
Parken: im Ort
Höhenunterschied: 150 m
Wanderzeit: 2 Std.
Schwierigkeitsgrad: leicht!
Einkehr: Jausenstation Klamm

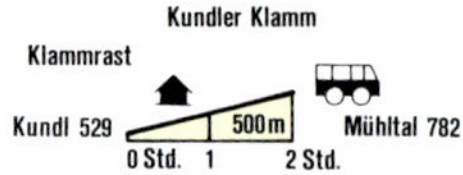

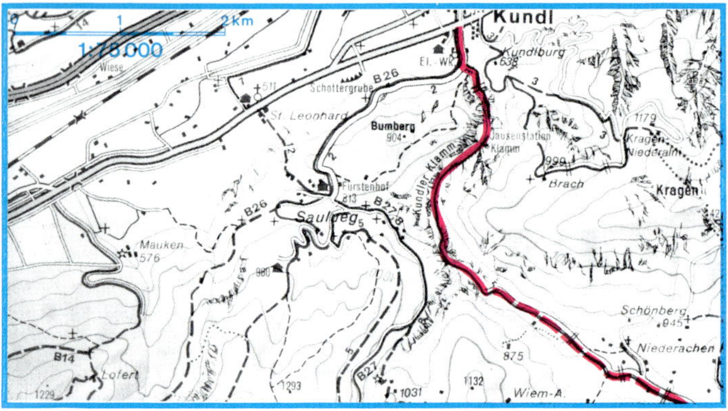

Tourenverlauf: Eine Sehenswürdigkeit ersten Ranges tut sich im Süden von Kundl dem Besucher auf: die Kundler Klamm, die von der Wildschönauer Ache durchtost wird. Von der Ortsmitte Kundl überschreitet man die Bundesstraße 1 und erreicht am Elektrizitätswerk vorbei den Schluchteingang. Auf breitem, teils in den Fels gesprengtem Weg spaziert man zwischen den turmhohen Wänden aus Dolomitgestein aufwärts. Aus den Felswänden leuchten Goldaurikel, Alpenrosen und hier und da kann man den gelben Fingerhut finden. Mit etwas Glück erspäht man auch Gemsen, die im Gebiet der Kundler Klamm beheimatet sind. Wer die Wanderung entlang der tosenden Öfen, Wasserfälle und Sprühregen fortsetzen will, kann bis nach Thierbach in der Wildschönau wandern und mit dem Bus nach Wörgl/Kundl zurückkehren. Die über eine Felsstiege erreichbare Ruine Kundlburg (1358 bis 1550) ist ebenfalls einen Besuch wert.

55 Wanderung: Breitenbach – Waldtalweg – Kaiserblick, 600 m

Ausgangspunkt: Kirche Breitenbach
Parken: im Ort
Höhenunterschied: 210 m
Wanderzeit: 3¼ Std.
Schwierigkeitsgrad: leicht!
Einkehr: Gasthof Kaiserblick und andere Gasthöfe

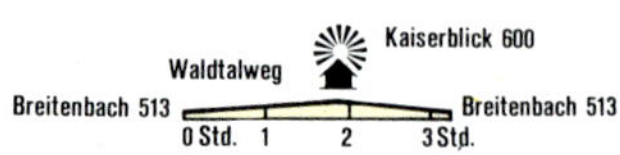

Tourenverlauf: Bis Oberdorf nimmt man die nach Norden führende Straße; dort zweigt nach rechts der Wanderweg 4 ab. Auf einem schönen Wiesen- und Waldweg wandern wir nun, südlich des Weilers Grattau, immer weiter in östlicher Richtung, vorbei an den Höfen Lechental und Waldtal, bis zum Hartl-Hof an der Straße zwischen Glatzham und Schönau. Wir wenden uns links, Richtung Schönau, erreichen dort die nach Mariastein ziehende Straße und folgen ihr links bis zum Ortsteil

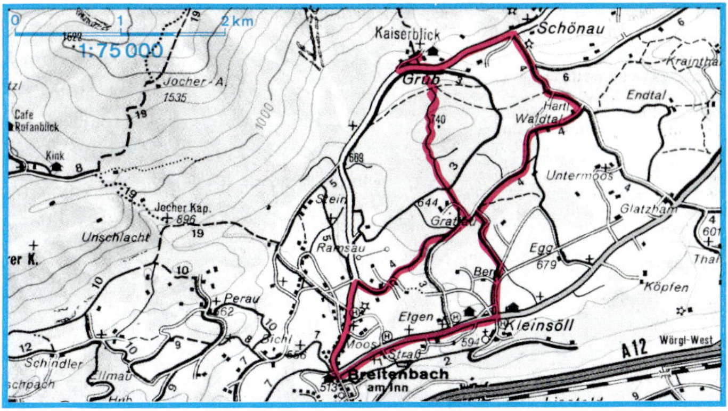

Grub – wenige Höfe, mit dem Gasthof Kaiserblick. Grub liegt dicht unter den steilen Hängen von Heu- und Plessenberg; der Blick vom Gasthof reicht über das Inntal hinaus bis ins Kaisergebirge.

Für den Rückweg: Nachdem wir wenige 100 Meter östlich auf der Straße gewandert sind, biegt man auf Wanderweg 3 rechts ab, der im Wald mäßig zum Butterbichl, 735 m, ansteigt und dann wieder abfällt zum Weiler Grattau. Südlich des Weilers sind wir wieder auf Wanderweg 4, hier zweigt Nr. 3 erneut nach links ab und wendet sich bald südlich bis zum Ortsteil Kleinsöll, von wo aus uns die Ortsstraße nach Breitenbach zurückbringt.

56 **Bergtour:** Brandenberg – Heuberg, 1.746 m – Plessenberg – Aschaalm – Krumbachalm

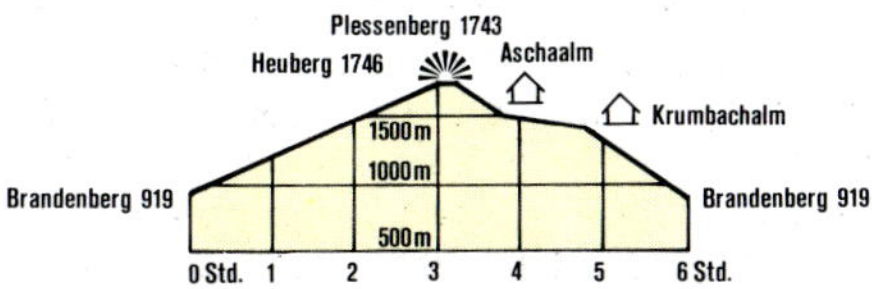

Ausgangspunkt: Kirche Brandenberg
Parken: im Ort
Höhenunterschied: 820 m

Wanderzeit: 6 Std.
Schwierigkeitsgrad: mittel; Ostabstieg Plessenberg nur für Geübte!
Karte: siehe Seite 96

Tourenverlauf: Von der Kirche Brandenbergs geht man zuerst nach Osten auf der zum Ortsteil Winkl ansteigenden Straße bis zur beschilderten Abzweigung nach rechts (Cafe Rofanblick). Der mit Nr. 8 bezeichnete Wanderweg vereinigt sich knapp unterhalb des ›Jochs‹ mit dem von Breitenbach dazustoßenden Wanderweg 19. Nun geht es mäßig, teilweise auch steil aufwärts, zur Jocheralm, 1.507 m, und schließlich, weiterhin steil, auf dem breiten, mattigen Rücken zum Gipfel des Heubergs, 1.746 m, mit einer umfassenden Fernsicht bis zu den Zentralalpen. Vorgelagert ist der in ¼ Std. leicht erreichbare Kienberg, 1.786 m, nördlich; unser Weg führt aber östlich durch einen Sattel auf den benachbarten Plessenberg, 1.743 m, mit Kreuz (bisher 3¼ Std.).

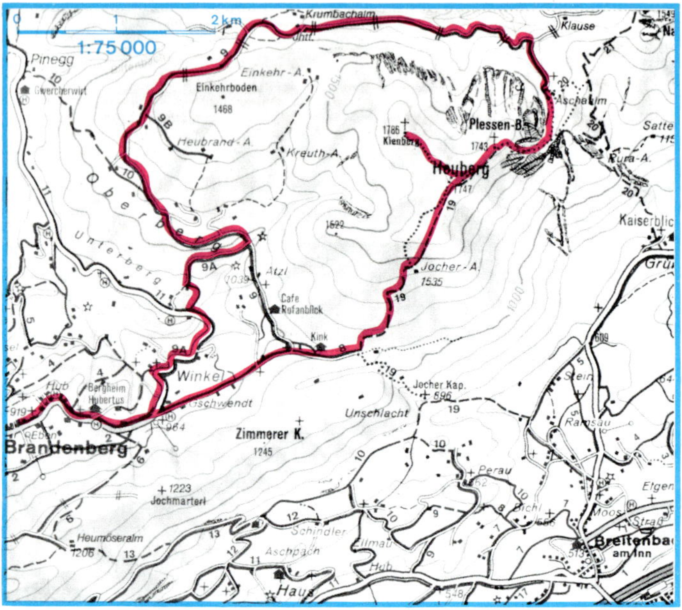

Der Abstieg zur Aschaalm, steil abfallend durch eine felsige Rinne, erfordert gute Bergerfahrung und Trittsicherheit. Unterhalb der Felsen und Schrofen biegt der Weg nach Norden ein zur Aschaalm. In den nächsten zwei Stunden folgen wir einer erst nördlich, dann westlich führenden Forststraße, die den Gebirgsstock des Heubergs umgeht; wir passieren die Krumbachalm, dann schwenkt die Straße nach Süden ein, und schließlich – Brandenberg liegt rechts unter uns – zweigen wir rechts ab auf Wanderweg 9a und erreichen so wieder die Ortsstraße und den Ausgangspunkt der Wanderung.

57 **Bergtour:** Brandenberg – Voldöpper Berg, 1.510 m

Ausgangspunkt: Kirche Brandenberg
Parken: im Ort
Höhenunterschied: 590 m
Wanderzeit: 4½ Std.
Schwierigkeitsgrad: mittel!
Karte: siehe Seite 97

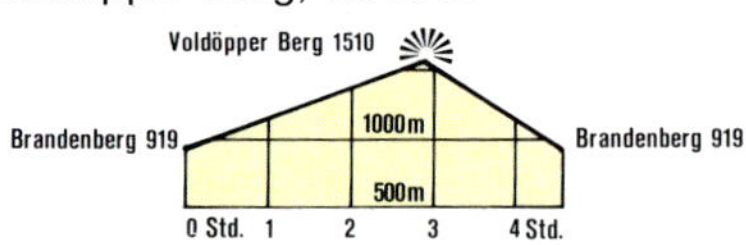

Tourenverlauf: Von der Kirche Brandenbergs folgen wir anfangs der Kramsacher Straße nach Süden bis zur Bushaltestelle an der Kurve; dort zweigt links der Wanderweg 6 ab. Dieser Waldweg steigt mäßig zur Heumesseralm, 1.208 m, an; jetzt nimmt uns ein bezeichneter Waldpfad auf, der steiler wird und schließlich den Gipfel des Voldöpper Bergs, 1.510 m, erreicht: sehr schöne Aussicht, besonders ins Inntal hinein. (Bisher 2¾ Std.). Der Rückweg führt uns erst wieder zur Heumesseralm; jetzt aber wählen wir die rechte Abzweigung von Wanderweg 6 und stoßen oberhalb von Gasthof Hubertus auf die Bundesstraße, die uns nach links wieder in den Ortskern zurückbringt.

58 **Wanderung:** Brandenberg – Tiefenbachklamm – Kramsach

Ausgangspunkt: Kirche Brandenberg
Parken: im Ort
Höhenunterschied: 400 m
Wanderzeit: 4 Std.
Schwierigkeitsgrad: leicht; Klamm mittel!
Einkehr: in Kramsach

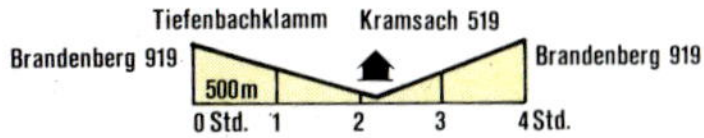

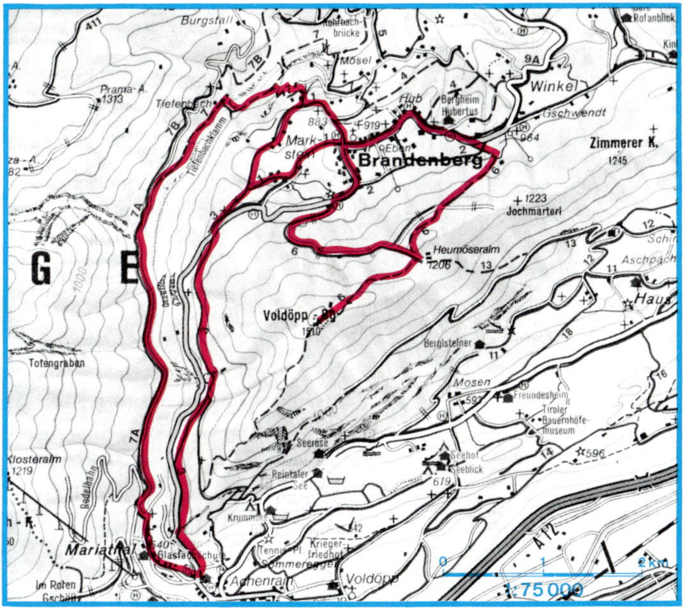

Tourenverlauf: Von der Kirche Brandenbergs geht es nach Westen, auf Wanderweg 5, einem Sträßchen, zur ersten Kurve und dann links, steil, abwärts in die Schlucht der Brandenberger Ache, vorbei am Hof Tunei. Der südlich abgehende, 1923 erbaute Triftsteig ist gut gesichert und der Blick auf die schäumende Ache zwischen den hohen Felswänden beeindruckend; es ist leider zu befürchten, daß durch die Pläne Kufsteins, ein Elektrizitätswerk hier zu errichten, die Tage dieses Steigs gezählt sind. Am Ende der Schlucht stoßen wir auf das von Aschau herunterziehende Sträßchen, dem wir, schließlich die Ache überquerend, bis zum Ortsteil Mariatal von Kramsach folgen (bis hierher $2^1/_4$ Std.). Für den Rückweg schlagen wir zunächst die Bundesstraße nach Brandenberg ein; bald zweigt nach rechts ein ansteigender Waldweg ab, Wanderweg 3, der oberhalb der Straße, fast parallel zu ihr, führt. Am Beginn der Felssprengungen der Straße erreichen wir diese wieder und haben nun nach kurzer Zeit die Wahl, entweder über Wanderweg 1 oder Wanderweg 7 den Rest des Weges nach Brandenberg zurückzulegen.

59 **Bergtour:** Aschau – Labeggalm – Roßkogel, 1.940 m – Hochalm – Kreuzeineralm Hochleger

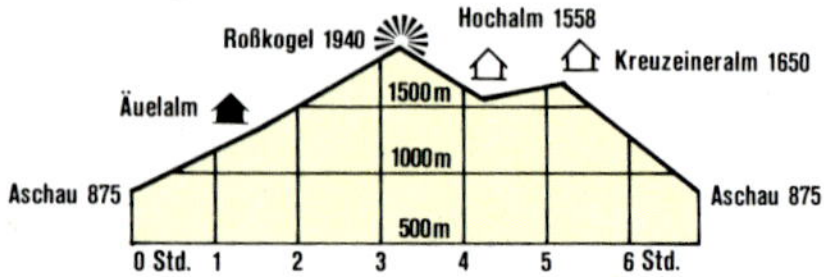

Ausgangspunkt: Aschau, Ortsteil von Brandenberg
Parken: Schranke der Forststraße, Alpenvereinsweg 411, zwischen Wimm-Hof und Aeuelalm

Höhenunterschied: 960 m
Wanderzeit: $6^3/_4$ Std.
Schwierigkeitsgrad: mittel!
Einkehr: Jausenstation Aeuelalm; Berggasthaus Sonnwendjochbahn

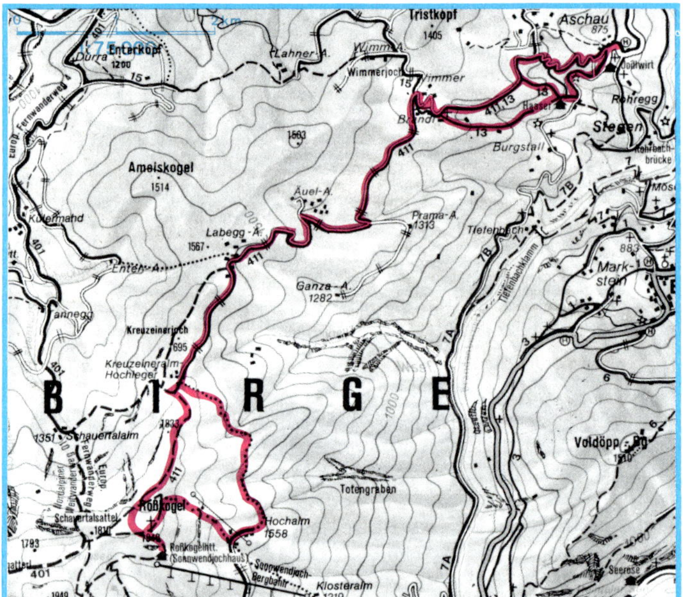

Tourenverlauf: Von der Kirche in Aschau ist der markierte Alpenvereinsweg 411 nicht zu verfehlen; nach der bei »Parken« erwähnten Schranke der Forststraße erreichen wir bald die Äuelalm und hinter ihr, in einer mäßig steilen, weiten Kehre steigend, die Labeggalm, 1.545 m. Diese Straße endet nach einer weiteren halben Stunde Gehzeit beim Hochleger der Kreuzeineralm, 1.610 m; oberhalb der Hütten befindet sich ein Wegweiser. Ein Viehtriebweg bringt uns, meist steil steigend, zu einem Sattel, und an den Hängen und schließlich am Kamm des Kreuzeinerjochs emporsteigend, befinden wir uns bald auf den Wiesenmatten der Roßwies; bei einem Wegweiser gehts nach links, über die Matten zu den Latschen, und wieder links auf dem sanften Grat hinauf zum Roßkogel, 1.940 m, mit Kreuz (bisher $3^1/_4$ Std.).

Herbststimmung bei Brandenberg

Zur Einkehr lockt, nach 10 Minuten Abstieg erreichbar, das Restaurant an der Bergstation der Sonnwendjochbahn; zurück auf den Roßkogel brauchen wir dann wieder 25 Minuten.
Der Abstieg führt zunächst auf dem Grat zurück, in die leichte Mulde rechts hinein und bei Wegweiser rechts absteigen. Der Pfad umgeht den Roßkogel nördlich, ist teilweise sehr steil und erreicht die Hochalm, 1.558 m. Am oberen Almrand zweigt ein gut markierter Weg ab, der zur Kreuzeineralm führt – schöne Weitblicke! Von dort aus erfolgt der weitere Rückweg wie am Anstiegsweg.

60 **Bergtour:** Kaiserhaus – Erzherzog-Johann-Klause – Trausnitzberg (Österreichischer Schinder), 1.808 m

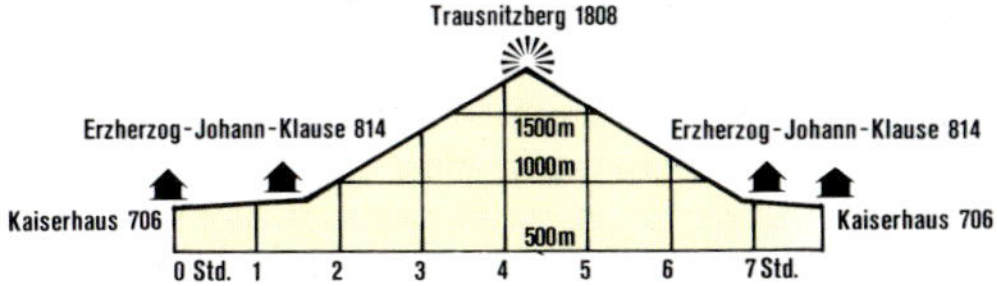

Ausgangspunkt: Forsthaus Kaiserhaus, nördlich Brandenberg
Parken: am Kaiserhaus
Höhenunterschied: 1.100 m

Wanderzeit: $7^3/_4$ Std.
Schwierigkeitsgrad: mittel!
Einkehr: Erzherzog-Johann-Klause; Kaiserhaus

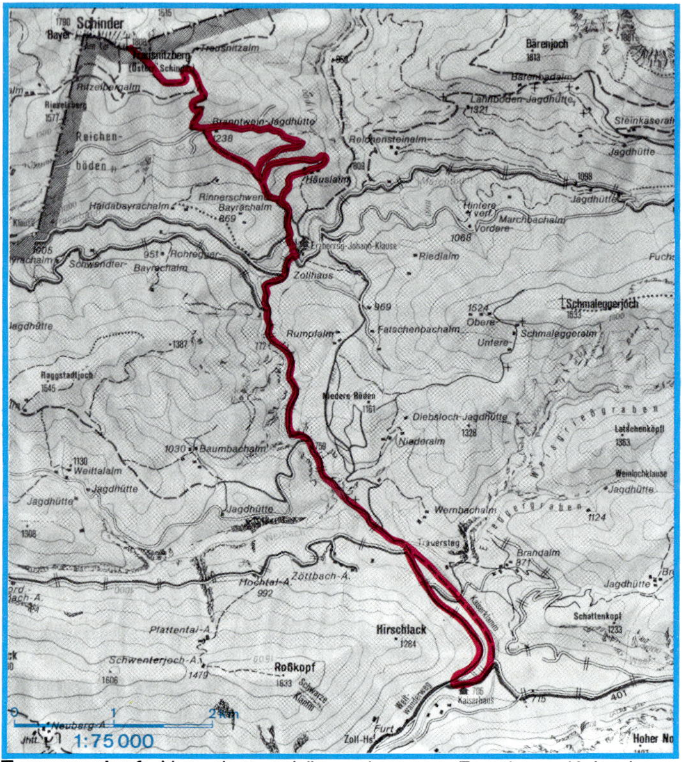

Tourenverlauf: Von dem schön gelegenen Forsthaus Kaiserhaus, 706 m, haben wir die Wahl: entweder auf der nach Norden führenden Forststraße bis zur Brücke über die Ache zu gehen – oder östlich auf der Straße nach Riedenberg, bei der Brücke links in die herrliche Kaiserklamm einzubiegen, durch die man auf einem Triftsteig ebenfalls die erwähnte Brücke in gleicher Zeit erreicht. Nun geht's auf der Forststraße im Achental nach Norden bis zur Erzherzog-Johann-Klause, wo früher eine große Triftklause bestand (Gasthaus). Wir nehmen den zur Häuslalm führenden steigenden Fahrweg, bei dessen erster starker Rechtskurve der alte Steig abgeht. Wir erreichen so die Branntwein-Jagdhütte (Straßenende), steigen weiter und halten uns rechts, bis in den weiten Boden der Trausnitzalm. Der nun recht steil werdende Pfad erreicht über den Grat den Gipfel des Österreichischen Schinders, 1.808 m (bisher 4¼ Std.). Unweit nordwestlich der Bayerische Schinder. Nachdem wir die schöne, weitreichende Aussicht genossen haben, müssen wir wohl oder übel für zurück den Anstiegsweg wählen – wegen des Zeitaufwands können wir uns keinen Umweg leisten. Ungefähr 3½ Stunden brauchen wir zurück nach Kaiserhaus.

Schwaz - Umgebung

Schwaz – Umgebung

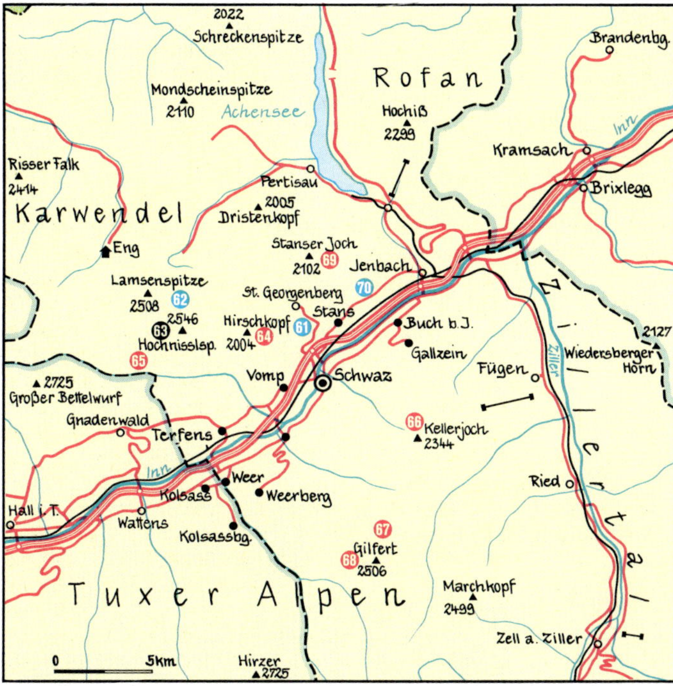

● Fremdenverkehrsverband, Verkehrsverein — Straße — Eisenbahn
Staatsgrenze — Bezirksgrenze — 66 Lage der beschriebenen Wanderwege

Schwaz (und Umgebung) ist ein alter, historisch überaus trächtiger Boden. An die Römerzeit erinnert uns der Ziller, der die Grenze zwischen den römischen Provinzen Rätien und Norikum bildete. Heute noch trennt das Zillertal die Bistümer Salzburg und Innsbruck. Damit der Wanderer die Diözesanzugehörigkeit erkennen kann, sind die Kirchtürme in verschiedenen Farben gehalten: rot für die Diözese Innsbruck, grün für Salzburg. Zahlreich sind die Schlösser, Burgen und Ruinen, die man auf dem Wege von Schwaz bis Kundl antrifft; denn durch Jahrhunderte stießen hier die immer wieder heißumkämpften Grenzen Tirols, Bayerns und Salzburgs aneinander: Sigmundslust in Vomp, Freundsberg oberhalb von Schwaz, Schloß Tratzberg, Turneck und die Ruine Rottenburg bei Jenbach, Kropfsberg, Lichtenwerth, Alt- und Neumatzen bei Brixlegg und die Ruinen Rattenberg und Kundlburg. Wohl nirgends in Nordtirol, außer im Raume Innsbruck-Hall, ist die Fülle wertvollster Kunstdenkmäler so groß wie hier. Die Silberstadt Schwaz, St. Georgenberg, die Mutterstätte des im Inntal liegenden Benedikti-

nerklosters Fiecht, Schloß Tratzberg, das mittelalterliche Rattenberg und St. Leonhard bei Kundl zählen unumstritten zu den wichtigsten Sehenswürdigkeiten Nordtirols. Überall findet man hervorragende Zeugnisse der Volkskunst (vor allem alte Bauernmöbel). Trotz der modernen Zeit, die in allen Dörfern Eingang gefunden hat, lebt das alte Brauchtum ungebrochen weiter. Allerorts trifft man an den Feiertagen den aufgeschlossenen, lebenslustigen und festesfreudigen »Unterlandler« in seiner schmucken Tracht.

Die alte Silber- und Bezirksstadt **Schwaz** erstreckt sich beiderseits des Murkegels des Lahnbaches, der hier in den Inn mündet. Der schon in der Bronzezeit besiedelte Ort wird erstmals um 930 urkundlich erwähnt und 1331 als Markt bezeichnet. Zu hoher Blüte gelangte der Ort im 15. Jh., als man reiche Silber- und Kupfervorkommen entdeckte. Im 16. Jh. arbeiteten nach zeitgenössischen Berichten in Schwaz, das den Ehrennamen »Aller Bergwerke Mutter« führte, an die 30.000 Menschen. Damals entstand auch das einmalige und weltberühmte **»Schwazer Bergbuch«,** eine Bilderhandschrift, die als hervorragende Quelle für das damalige Bergrecht gilt. So wurde der Ort zur ältesten Industriesiedlung im Herzen Europas, in der sich die Fugger, die berühmten Handelsherren aus Augsburg niederließen. Gleichzeitig stieg der Ort zu einem Kulturzentrum ersten Ranges empor; eine im Lande berühmte Lateinschule und eine Meistersingerschule, die auch Hans Sachs besuchte, wurden gegründet. In Schwaz arbeitete auch die erste Buchdruckerei Tirols. Mit dem Anfang des 17. Jh. war der Bergsegen erschöpft und die Bevölkerung des Marktes nahm rasch ab, so daß Schwaz erst 1899 das Stadtrecht erhielt. Schwer wurde die Silberstadt 1809 heimgesucht. Gereizt durch den Widerstand der Tiroler Landesverteidiger auf dem Marschwege von Wörgl nach Schwaz ließen die Bayern die Orte Vomp und Schwaz in Brand stecken. 300 Häuser, 3 Kirchen und zwei Spitäler wurden ein Raub der Flammen. Auch im Zweiten Weltkrieg wurde Schwaz durch Bombenangriffe schwer heimgesucht. – Heute beherbergt Schwaz die mannigfaltigsten Industrieunternehmen, die der heimischen Bevölkerung Arbeit und Wohlstand sichern: Kupfererz- und Quecksilberbergbau, Dolomitkies- und Splittwerk, Elektrogeräte, Werkzeuge, Majolika, Schleifmittel usw.; Die kulturelle Bedeutung der Stadt ist gekennzeichnet durch das bischöfliche Gymnasium und Knabenseminar »Paulinum« und durch die phil. theol. Lehranstalt der Franziskaner.

Jenbach, das als beliebte Sommerfrische bekannt ist, erstreckt sich am Fuße des Karwendel- und Rofangebirges am steilen Murkegel des Kasbaches. Schon vor 500 Jahren lag hier eine Schmelzhütte der Fugger, die Silber- und Kupfererze aufarbeitete, Hammerwerke, Sensenschmieden und Eisengießereien. Heute finden die Ortsbewohner bei der Bayerischen und Tiroler Sensenunion AG, in einer Holzstoff- und Pappefabrik, in einem Kalkwerk (größtes Unternehmen seiner Art in Tirol) und vor allem bei den Jenbacher Werken Beschäftigung; hier werden Dieselmotoren, Diesellokomotiven, landwirtschaftliche Maschinen

und Seilbahnkabinen hergestellt. Im Jahre 1927 wurde im Westen des Marktes das Achenseekraftwerk (80.000 kW), das sein Wasser vom Achensee erhält, errichtet.
Das schmucke Dorf **Stans** am Fuße des langgestreckten Stanser Joches dehnt sich auf dem Murkegel des Stanserbaches aus. Der schon im 9. Jh. als »Stauanes« genannte Ortsname ist illyrischen Ursprungs. Im 15. Jh. gruben Bergknappen im Stallental nach Silber. 1802 wurde die Leonische Fabrik gegründet, die hauptsächlich Souvenierartikel herstellt. Bekannt ist Stans auch als Krippendorf und wegen des »Anklöckelns«, das unter den Adventbräuchen eine besondere Stellung einnimmt. Dabei geht Bacchus im Türkengewand mit. Berühmte Ortskinder sind der Maler Josef Arnold (1788–1879), der Hauptvertreter des klassizistischen Kirchenfreskos in Tirol und der bekannte Dichter des Tiroler Freiheitskampfes Anton Obrist.

Ortsbeschreibungen:

BUCH bei Jenbach

Gemeinde, Bezirk Schwaz, Seehöhe: 541 m, Einwohnerzahl: 1.350, Postleitzahl: A-6200. **Auskunft:** Verkehrsverein Buch, Tel. 05244/265104. **Bahnstation:** Jenbach (2 km), Busverbindungen nach Schwaz, Jenbach und Wörgl.

Sehenswert

Die **Pfarrkirche zu Ehren der Rodungsheiligen St. Margareth** wurde 1493 erbaut. Im Zuge der Kampfhandlung im Jahre 1809 brannten die Kirche und die Ansiedlung ab, 1852 wurde sie wiederhergestellt. Die Deckenbilder schuf zu Beginn des 19. Jh. der Schwazer Johann Endfelder. Der Hochaltar ist dem Hl. Leonhard, der hier als Patron der Schiffer und Pferde verehrt wurde, geweiht, denn der Inn floß früher unmittelbar am Kirchhügel vorbei. Die Pferde mußten die Schiffe flußaufwärts ziehen. Das Hochaltarbild schuf Josef Arnold 1817. – **Schloß Thurneck** und moderne Kirche in Rotholz.

GALLZEIN

Gemeinde, Bezirk Schwaz, Seehöhe: 800 m, Einwohnerzahl: 341, Postleitzahl: A-6200. **Auskunft:** Verkehrsverein Gallzein, Tel. 05244/204. **Bahnstation:** Schwaz oder Jenbach; Busverbindung.

JENBACH

Markt, Bezirk Schwaz, Seehöhe 562 m, Einwohnerzahl: 5.500, Postleitzahl: A-6200. **Auskunft:** Fremdenverkehrsverband Jenbach, Tel. 05244/2285 und 2454. **Bahnstation:** im Ort, Ausgangspunkt der Achenseebahn und Zillertalbahn (Sommerbetrieb); Busverbindungen mit allen umliegenden Orten.

Sehenswert

Zillertalbahn, seit 1912 in Betrieb, derzeit verkehrt sie von Juni bis Ende September vier mal täglich auf der Strecke Mayrhofen – Zell am Ziller. – **Zahnradbahn Achenseebahn,** 1889 erbaut, mit Dampferanschluß am Achensee, Seespitz (Sommerbetrieb auf der sieben Kilometer langen Bergstrecke). – Von 1487 bis 1500 wurde die Pfarrkirche zum Hl. Wolfgang erbaut, nach einer barocken Freskenausgestaltung 1740 wurde die Kirche in den 1970er Jahren restauriert.

KOLSASS

Gemeinde, Bezirk Innsbruck-Land, Seehöhe 553 m, Einwohnerzahl: 950, Postleitzahl: A-6114. **Auskunft:** Fremdenverkehrsverbände Weer, Kolsass, Kolsassberg, Tel. 05224/8124, 8240, Telex 054203. **Bahnstation:** Terfens-Weer, (1 km); Busverbindungen mit Schwaz und Innsbruck.

Sehenswert

Ruine **Rettenberg** (14. Jh.), von der noch der Bergfried und die Umfassungsmauern mit den Ecktürmen erhalten sind. – Pfarrkirche Mariä Heimsuchung (Chor um 1350).

KOLSASSBERG

Gemeinde, Bezirk Innsbruck-Land, Seehöhe: 1.000 m, Einwohnerzahl: 450, Postleitzahl: A-6114. **Auskunft:** siehe Kolsass. **Bahnstation:** Terfens – Weer; keine Busverbindungen.

PILL

Gemeinde, Bezirk Schwaz, Seehöhe: 556 m, Einwohnerzahl: 720, Postleitzahl: A-6130. **Auskunft:** Gemeindeamt Pill, Tel. 05242/39532. **Bahnstation:** Pill/Vomperbach; Busverbindungen nach Schwaz und Innsbruck.

Sehenswert

In der Pfarrkirche zur Hl. Anna ist am Deckengemälde die alte Dorfansicht beachtenswert. – Kreuzkirchlein (1764).

SCHWAZ

Stadtgemeinde, Bezirk Schwaz, Seehöhe 538 m, Einwohnerzahl: 10.300, Postleitzahl: A-6130. **Auskunft:** Verkehrsverein Schwaz, Tel. 05242/2040. **Bahnstation:** Schwaz; Busverbindungen nach Innsbruck, Wörgl und München.
Bergbahnen: Sessellifte Kellerjochbahn, 1. Sektion: Tal 540 m, Berg 853 m, Länge 900 m; 2. Sektion: Tal 850 m, Berg 1.356 m, Länge 1.405 m, 3. Sektion: Tal 1.356 m, Berg 1.880 m, Länge 1.773 m; Skilifte.

Sehenswert

Die **Pfarrkirche Unserer Lieben Frau Mariä Himmelfahrt** wurde im 15. Jh. nach den Plänen von Erasmus Grasser aus München von Christoph Reichartinger erbaut. Sie ist die größte gotische Hallenkirche Tirols. Das prachtvolle Gotteshaus weist zwei Portale, zwei Chöre und zwei Hauptschiffe auf. Das nördliche Schiff gehörte den Bürgern, das südliche den Knappen und Gewerken (3 Bergwerksunternehmer). Interessant ist auch die Bedachung; für den fünfstöckigen Dachstuhl wurde ein ganzer Wald bei Telfs geschlagen; das Dach ist mit 15.000 handgeschmiedeten Kupferplatten gedeckt. Im neuen Glockenturm steht die schönste Glocke des Landes, die 1503 von Peter Löffler gegossen wurde. Großartig wirkt auch der Innenraum mit beachtenswerten Grabmälern (Bronzegrabplatte des Bergwerksdirektors Dreyling von Alexander Colin, 1578), gotischen Holzplastiken und gotischen Fenstern. Im Norden der Pfarrkirche steht die zweigeschossige **Totenkapelle** aus dem Jahre 1506, die einen schönen gotischen Flügelaltar birgt. – Die von Christoph Reichartinger 1514 erbaute spätgotische **Franziskanerkirche** bewahrt einen spätklassizistischen Hochaltar und ein Steinkruzifix aus dem Jahre 1521. – Ein einzigartiges Denkmal spätgotischer Wandmalerei birgt der Kreuzgang des **Franziskanerklosters;** die 1519–1526 entstandenen Gemälde stellen meist Passionsszenen dar. – Die **St. Martinskirche** ist ein spätgotischer Bau aus dem Jahre 1510 mit einem reizvollen barockisierten Innenraum. Das ehemalige

Augustinerinnenkloster dient heute als Erziehungsheim für Mädchen. – **Spitalskirche zum Hl. Geist** (1515). – Hoch über der Stadt ragt in aussichtsreicher, beherrschender Lage **Schloß Freundsberg** (707 m) empor, die Stammburg der Freundsberger; aus diesem Geschlecht stammte Georg von Frundsberg (1473–1528), der berühmte Feldobrist und Landsknechtsführer Kaiser Maximilians. – Im guterhaltenen romanischen Bergfried ist das sehenswerte **Schwazer Heimatmuseum** untergebracht. Die 1477 erbaute und 1634 umgestaltete Schloßkapelle birgt eine geschlossene Einrichtung und Apostelfresken von Chr. A. Mayr. – Von den alten Profanbauten der Stadt Schwaz seien besonders hervorgehoben: das stattliche, aus dem 15. Jh. stammende spätgotische Fuggerhaus mit einer malerischen Hofanlage und einer bemalten Barockfassade (Holzstatue des Landsknechtvaters Georg von Frundsberg); das **Kreuzwegerhaus** und das **Pfleggericht**, sowie das um 1700 erbaute Barockpalais **Enzenberg.**

STANS

Gemeinde, Bezirk Schwaz, Seehöhe: 566 m, Einwohnerzahl: 1.000, Postleitzahl: A-6235. **Auskunft:** Verkehrsamt Stans, Tel. 05242/278107. **Bahnstation:** im Ort; Busverbindungen mit Jenbach und Schwaz.

Sehenswert:

Die alte **Pfarrkirche zu Ehren des Hl. Laurentius,** ein gotischer Bau des 15. Jh. ist heute profaniert. – Die neue **Pfarrkirche zum Heiligsten Herzen Jesu** wurde 1892 im neugotischen Stil erbaut; Hochaltarbild von J. Arnold. – Oberhalb des Ortes liegt das **Wallfahrtskirchlein Maria Tax** (791 m), das 1667 errichtet wurde. – Altberühmt ist die aus dem 10. Jh. stammende **Wallfahrt St. Georgenberg,** das sich auf einem fast unzugänglichen Felssporn hoch über der romantischen Schlucht des Stallentales erhebt. Hier wurde 950 das älteste Nordtiroler Kloster gegründet, das sich um Kultur und Besiedelung des Unterinntales größte Verdienste erworben hat. Die Abtei wurde nach mehreren Bränden 1705 in Fiecht neu errichtet, doch blieb die Kirche als beliebte Wallfahrt bestehen. Sehenswert sind die Reste aus der romanischen Epoche (Tierfiguren und Ornamente) und die prachtvollen Schnitzfiguren von Franz Xaver Nißl. – Zu den schönsten Schlössern Tirols zählt **Tratzberg,** das inmitten des grünen Waldhanges des auslaufenden Karwendelgebirges gegen das Inntal hin thront. Von der ursprünglichen 1288 urkundlich genannten Burg ist nicht mehr viel erhalten; sie brannte ab und wurde nach 1500 im spätgotischen und Renaissancestil ausgebaut. Reich ist die Ausstattung der Zimmer und Stuben mit Waffen, Bildern, Totenschilden und Fresken. Ein 46 Meter langes Wandbild stellt den ältesten gemalten Habsburger Stammbaum dar. Das bewohnte Schloß, welches heute im Besitze der Grafen Enzenberg ist, kann besichtigt werden. – Die romantische **Wolfsklamm,** die vom Stallenbach durchrauscht wird, vermittelt eine der schönsten Wildbachbegehungen Österreichs.

TERFENS

Gemeinde, Bezirk Schwaz, Seehöhe: 591 m, Einwohnerzahl: 1.440, Postleitzahl: A-6123. **Auskunft:** Fremdenverkehrsverband Terfens-Vomperbach, Tel. 05224/8341, 8306. **Bahnstation:** Terfens/Weer; Busverbindung in den Gnadenwald, Schwaz und Innsbruck.

Sehenswert
Friedhofkapelle mit Ölberggruppe von Nißl. – **Kapelle Maria Larch,** erbaut 1699. – **Schloß Thierburg. – Wildgehege** am Umlberg. – Kakteenzucht.

VOMP

Gemeinde, Bezirk Schwaz, Seehöhe: 566 m, Einwohnerzahl: 2.700, Postleitzahl: A-6134. **Auskunft:** Fremdenverkehrsverband Vomp, Tel. 05242/2616. **Bahnstation:** im Ort; Busverbindungen mit Schwaz und Innsbruck.

Sehenswert
Die **Pfarrkirche zu Ehren der Hl. Petrus und Paulus** war jahrhundertelang Mutterkirche von Terfens, Vomp, Stans, Schwaz und St. Margarethen-Buch. Seit der großen Brandkatastrophe im Jahre 1809 besitzt die Kirche keine nennenswerten Kunstwerke (Decken- und Wandbilder vom Tiroler Maler Emanuel Walch 1862–97). – **Schloß Sigmundslust** zählt zu den vielen von Sigmund dem Münzreichen erbauten Jagdschlössern; es stammt aus der zweiten Hälfte des 15. Jh. und wurde im 19. Jh. neugotisch umgebaut. – Das **Benediktinerstift Fiecht** wurde nach dem vierten Brand des Klosters Georgenberg im nahen Stallental im Inntal 1706 erbaut. Die Klosterkirche zum Hl. Georg (1740–1744) weist wertvolle Deckenbilder von Matthäus Günther und Rokokostukkaturen vom berühmten Franz Xaver Feichtmayr aus Wessobrunn auf. In der östlichen Concha des Querschiffes wurde im Jahre 1958 im Gedenken an den verstorbenen Landeshauptmann Alois Grauß die Statue der Immaculata von Cristoforo Benedetti (1703) aufgestellt, die bis dahin die Annasäule in Innsbruck krönte. – Eine besondere Attraktion stellt der im Gemeindegebiet von Vomp gelegene **Große Ahornboden** dar; er gilt mit Recht als der schönste Talgrund der Nördlichen Kalkalpen. Die Zufahrt ist jedoch nur über bundesdeutsches Gebiet von Vorderriß (durch das Rißtal zur Eng) auf einer Mautstraße möglich.

WEER

Gemeinde, Bezirk Schwaz, Seehöhe: 558 m, Einwohnerzahl: 1.200, Postleitzahl: A-6114. **Auskunft:** Fremdenverkehrsverband Weer, Tel. 05224/8124, 8240. **Bahnstation:** Terfens-Weer; Busverbindungen nach Schwaz und Innsbruck.

Sehenswert
F.A. Zeiller schuf 1779 die Deckengemälde in der Filialkirche zum Hl. Gallus.

WEERBERG

Gemeinde, Bezirk Schwaz, Seehöhe: 900 m, Einwohnerzahl: 1.500, Postleitzahl: A-6133. **Auskunft:** Fremdenverkehrsverband Weer, Kolsass, Weerberg, Tel. 05224/8124, 8240. **Bahnstation:** Terfens-Weer; Busverbindung mit Pill-Schwaz (bis Kirchenwirt-Mitterweerberg).

Sehenswert
Die Pfarrkirche zu den Hl. Peter und Paul wurde 1749 durch den Barockbaumeister Franz de Paula Penz umgestaltet, Altarbild von Anton Zoller aus Telfs, 1784. – Pfarrkirche zu unserer lieben Frau Empfängnis, 1870 errichtet, mit Gemälden des Schwazers J. Ertl.

Wanderungen und Bergtouren in der Umgebung von Schwaz

61 **Wanderung:** Stans – Wolfsklamm – St. Georgenberg, 902 m

Ausgangspunkt: Stans
Parken: Gasthof zum alten Marschall
Höhenunterschied: 340 m
Wanderzeit: 2½ Std.
Schwierigkeitsgrad: leicht!
Einkehr: St. Georgenberg

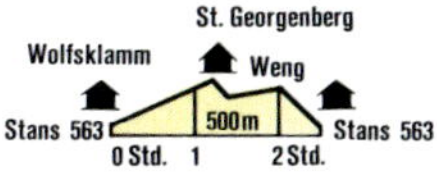

Tourenverlauf: Vom »Gasthof zum alten Marschall« überquert man östlich die Brücke und biegt nach dem Dorfbrunnen links ein. Nach wenigen Minuten erreicht man den Parkplatz Wolfsklamm und wenige Meter weiter die »Mautstelle«, wo gegen eine geringe Gebühr der Eintritt in das vorerst waldige Tal der Wolfsklamm erfolgt. Bald endet der breite Weg; doch bevor man bei einem überdachten Jausenplatz anlangt, schwenkt man rechts auf ein verstecktes Steiglein (der Wegweiser am Baum ist vom Weg schlecht einzusehen), das in einigen Serpentinen höher geht. Bald bietet sich der atemberaubende Blick in eine der schönsten Klammen des Karwendels. Am schmalen Steig geht es unter steilen Felswänden hindurch, über luftige Holzbrücken wird mehrmals die Schlucht gequert. Vor einer Bachverbauung geht es nochmals rechts über den schäumenden Stallenbach, ehe man auf den bequemen Promenadenweg gelangt, der, eben verlaufend, an den Fuß von St. Georgenberg führt. Einige Serpentinen und zuletzt eine Holzbrücke

St. Georgenberg

folgen am Weg hinauf zur Wallfahrtskirche. Beim Rückweg wandern wir, unten am Bach angelangt, geradeaus durch den Hochwald leicht steigend empor, bis wir zum Weiler Weng in einer Senke unterhalb des Gasthofes Burg gelangen (Blick auf Jenbach). Ein steiler Hohlweg führt (Wegweiser) durch den Wald links hinunter zu den Skiliften, an der Wasserfassung vorbei, und zurück in den Ort.

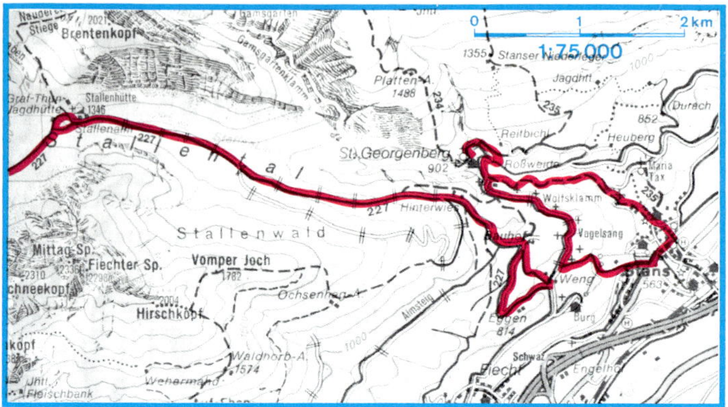

62 **Wanderung:** Stans/Fiecht – Stallental – Lamsenjochhütte, 1.953 m

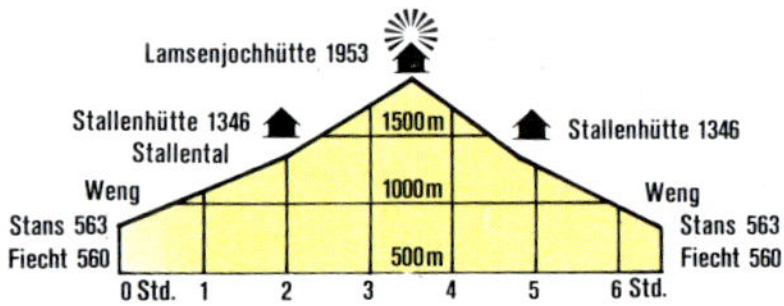

Ausgangspunkt: Stans/Fiecht
Parken: beim Wenghof
Höhenunterschied: 1.153 m
Wanderzeit: 6½ Std.

Schwierigkeitsgrad: leicht!
Einkehr: Stallenhütte, Lamsenjochhütte
Karten: bis zur Stallenhütte, siehe oben; zur Lamsenjochhütte, siehe Seite 110.

Tourenverlauf: Von Stans gelangt man zum Wenghof, indem man am Freibad vorbei, entlang des Liftes ansteigend, am Hohlweg die Wegkreuzung beim genannten Hof erreicht. Von Fiecht kann man in Richtung Gasthof Burg anfahrend, ebenfalls bis zum Wenghof gelangen. Der AV-Markierung 227 folgend, wandern wir entlang eines Karrenweges durch den Hochwald empor zum Bauhof, den wir rechts liegen lassen. Am bequemen Fahrweg kommt man nun rasch voran, der großteils durch Wald in das Stallental führt. Nach etwa zweistündigem Marsch haben wir die einladende »Alpenhütte Stallen« erreicht. Dort beginnt der Anstieg durch Latschenfelder und über Schuttreisen zur Lamsenjochhütte, 1.953 m, zu der man in weiteren 1½ Std. gelangt. Hier wird der Tagesausflug beendet. Als Zweitagestour ist die Besteigung der Lamsenspitze (siehe Bergtour Nr. 7) oder der Höhenweg über den Hochnissl nach Vomperberg äußerst lohnend, wenngleich nur dem Geübten vorbehalten! Der Abstieg erfolgt am Anstiegsweg zurück nach Stans oder Fiecht.

⑥③ **Höhenweg:** Lamsenjochhütte, 1.953 m – Hochnissl, 2.540 m

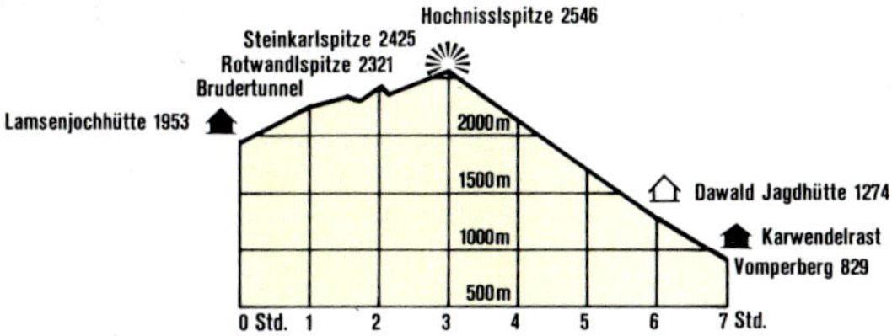

Ausgangspunkt: Lamsenjochhütte
Höhenunterschied: 600 m
Wanderzeit: 7 Std.

Schwierigkeitsgrad: nur für Geübte!
Einkehr: Lamsenjochhütte

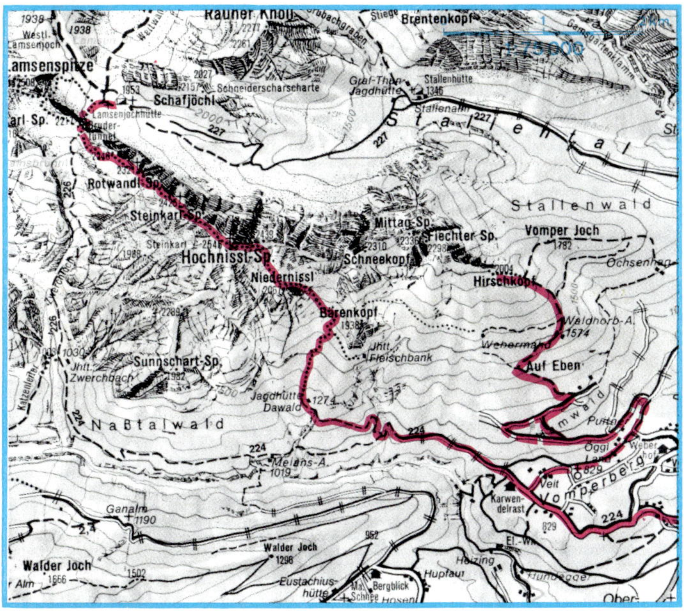

Tourenverlauf: Wer zwei Tage für diese prachtvolle Hochtour reservieren konnte, wird von dieser Route begeistert sein. Von der Lamsenjochhütte steigt man südwestlich zum Brudertunnel an, den man über Eisenklammern und seilgesichert erreicht. Dieser riesige Naturtunnel beginnt mit einem etwa 15 Meter hohen Eingangsportal, verengt sich in der Mitte und bietet einen gesicherten Ausstieg über eine etwa fünf Meter hohe Felswand. Nach links führt nun der Hochnisslsteig am Kamm entlang zur Rotwandlspitze und Steinkarlspitze. Von dort geht es durch eine zerklüftete, schaurige Schlucht steil hinunter (Seilsicherung). Leichter bietet sich wieder der Weiterweg zur Hochnisslspitze an, wo man sich nach drei Stunden in das Gipfelbuch eintragen kann. Nun lohnt der weitreichende Anblick der Tuxer Voralpen und der Karwen-

delberge, sowie der Tiefblick in das Inntal die Mühen. Wir kehren entweder am Anstiegsweg zur Hütte zurück, oder steigen (großer Höhenunterschied!) in gut vier Stunden über die Dawald-Jagdhütte zur Karwendelrast am Vomperberg ab.

Lamsenjochhütte, 1.953 m

64 **Bergwanderung:** Vomp – Hirschkopf, 2.004 m

Ausgangspunkt: Vomp
Parken: auf Eben, Vomperberg
Höhenunterschied: 1.150 m
Wanderzeit: 5 Std.
Schwierigkeitsgrad: mittel!
Einkehr: Karwendelrast
Karte: siehe Seite 110

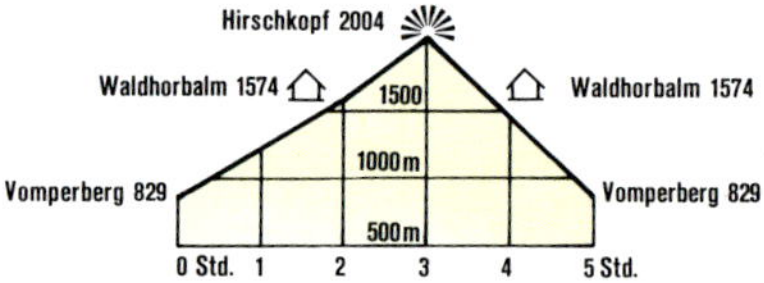

Tourenverlauf: Von Vomperberg fährt man, bei der oberen Weggabelung zur Karwendelrast, rechts abbiegend an der Reitschule vorbei bis nach Bergereben hinauf (Wegerhaltungsgebühr, Parkplatz). Nach einer guten Wegstunde erreicht man durch steiles Waldgebiet die Waldhorbalm, wo man das letzte (!) Wasser erhält, bzw. die Getränkeflasche anfüllen kann. Von dort geht es rechts zur Fiechter Spitze und zum Hirschkopf, nach links gelangt man zum Hochnissl. Der Anstieg zum Hirschkopf, einem vorgeschobenen Aussichtsberg über dem Unterinntal führt etwa 1 Std., zuletzt nur durch schütter bewachsene Hänge (Schafe) steil empor. Der geübte Kletterer kann von hier in einer Stunde die Fiechter Spitze erklimmen (II!). Wir aber kehren nach einer ausgiebigen Rast über die Waldhorbalm nach Vomperberg zurück.

65 **Wanderung:** Vomp – Vomper Loch – Hallerangeralm, 1.770 m

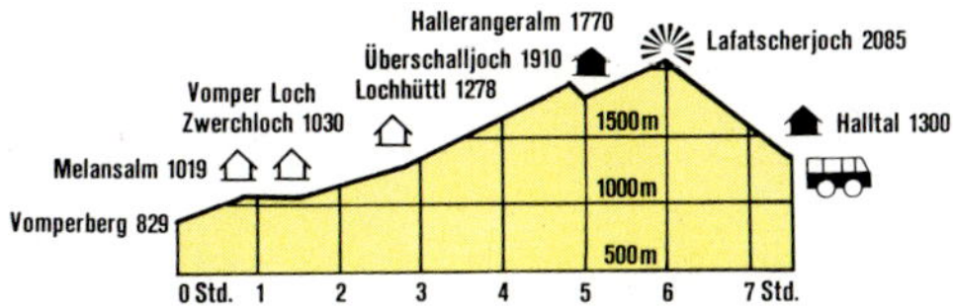

Ausgangspunkt: Vomperberg
Parken: Karwendelrast
Höhenunterschied: 920 m

Wanderzeit: 7 1/2 Std.
Schwierigkeitsgrad: mittel!
Einkehr: Hallerangeralm, Hallerangerhaus

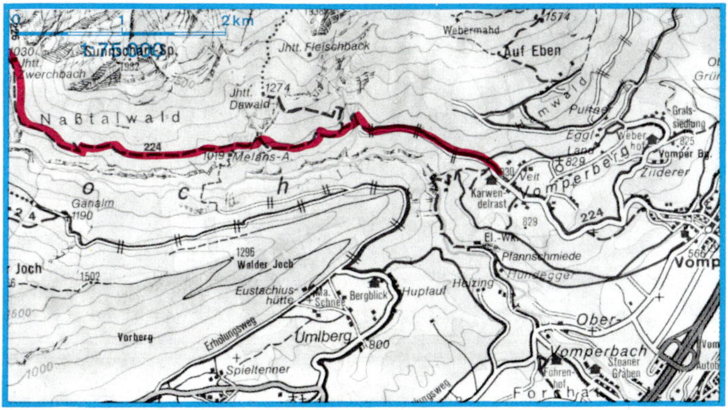

Tourenverlauf: Eine der einsamsten (weil längsten) Touren im südlichen Karwendel ist die Bergwanderung durch das Vomper Loch, die ausschließlich bei gutem Wetter durchgeführt werden darf (Wasserschwall!). Wenige Meter oberhalb des Gasthofs Karwendelrast am Vomperberg biegen wir links auf einen Fahrweg ein, der nach gut 20

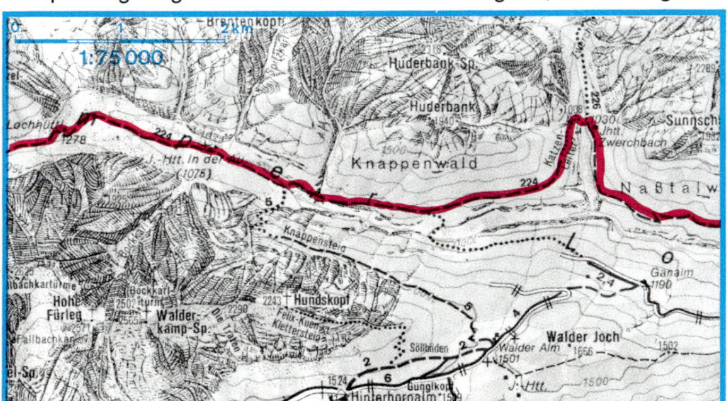

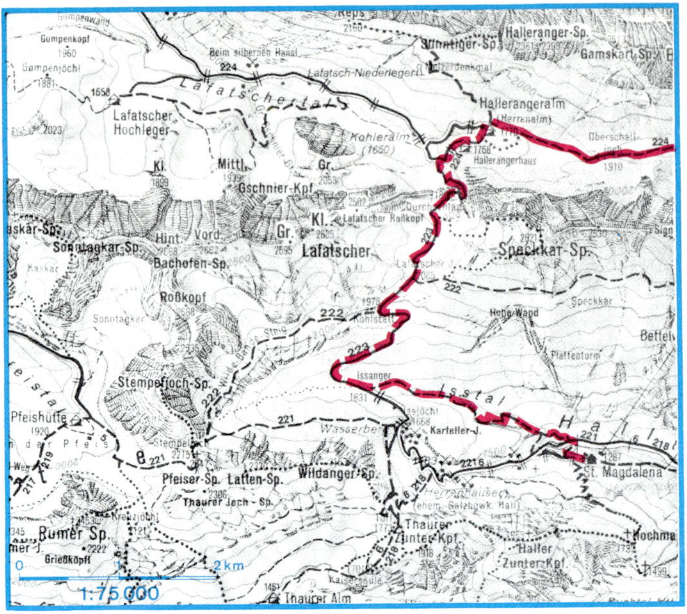

Minuten bei einem Wasserbehälter endet. Auf der anderen Bachseite geht rechts der Steig zur Dawald-Jagdhütte hinauf. Wir bleiben jedoch am unteren Steig, der uns nach weiteren 20 Minuten zur Melansalm bringt. Vorher ist der sprühende Wasserfall, der unter uns zum Vomperbach stürzt, zu sehen. Nahezu ohne Höhenverlust wandern wir am einsamen Pfad weiter, bis zur Jagdhütte im Zwerchloch (1½ Std. von der Karwendelrast), wo der Anstieg durchs Lamskar zur Lamsenspitze abzweigt. Über die sogenannte Katzenleiter geht es am gegenüberliegenden Hang unter den Felsen empor. Nun rücken auch die Talwände aneinander, die Steilflanken des Hundskopfes und die Ausläufer der Eiskarlspitze engen das Tal ein. Nach ¾ weiteren Stunden erreicht man die Einmündung des Knappensteigs (von der Hinterhorn bzw. Walderalm kommend), überquert jedoch vorher den Ödkarlbach. Wenige Minuten später sind wir bei der Jagdhütte in der Au. Nun beginnt der zweistündige Anstieg. ½ Stunde später erblicken wir den Wasserfall hinter dem Lochhüttl. Auf der letzten Wegstrecke war auch die Erscheinung des Bachschwindens zu beobachten, denn der Vomper Bach sucht unterhalb des Kalkgerölls seinen Weiterweg. Als sehr steil nach dieser bisher schon langen Wanderung gibt sich der Anstieg zum Überschalljoch, 1.910 m. Von hier sind wir jedoch in zehn Minuten beim Ziel der Tour. Der Rückweg erfolgt am Anstiegsweg, oder, als Zweitagestour über das Lafatscher Joch in das Halltal und nach Hall (Taxibus ab St. Magdalena), von wo man nach Vomp zurückkehrt.

66 **Wanderung:** Schwaz – Kellerjoch, 2.344 m – Zintberg – Schwaz

Ausgangspunkt: Schwaz
Parken: in der Stadt
Höhenunterschied: 1.800 m
Wanderzeit: $5^1/_2$ Std.
Schwierigkeitsgrad: mittel!
Einkehr: Bergland, Kellerjochhütte, Pirchnerrast

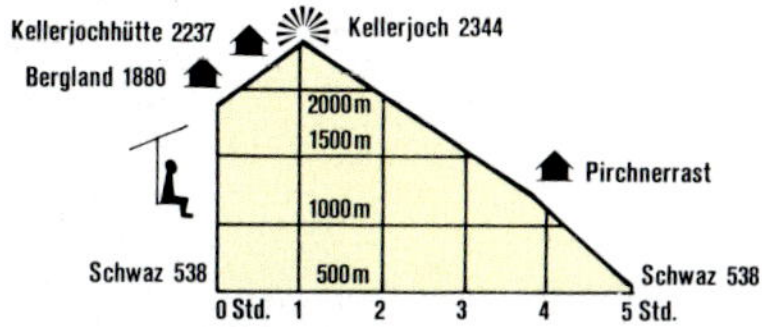

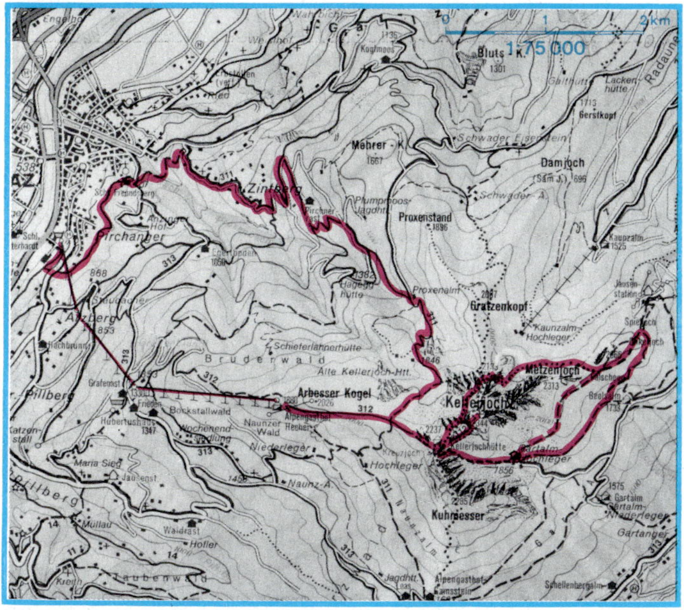

Tourenverlauf: Eine der beliebtesten »Wanderungen bergab« im Unterinntal ist der Abstieg vom Kellerjoch nach Schwaz. Mit den drei Sektionen der Kellerjochbahn gelangt man mühelos auf 1.880 Meter Höhe, zum Berglandhaus. Südlich um den Arbeserkogel herum führt der breite Wanderweg, der dann am Kamm entlang rasch an Höhe gewinnt, in $^3/_4$ Gehstunden hinauf zur Kellerjochhütte. Bis zur Kapelle am Gipfel (Kreuzjoch, 2.344 m) benötigt man $^1/_4$ Std. Traumhaft ist die weite Aussicht auf das Inntal bis Innsbruck zu bezeichnen, auf das Unterinntal, zu den Zillertaler Alpen und in das Karwendel- und Rofangebirge. Nach dem Abstieg bei der Kellerjochhütte vorbei biegen wir $^1/_4$ Std. später beim Wegweiser rechts ab, wandern auf einer Geländerippe unter der Nordwand des Kellerjochs talwärts und zuletzt am Fahrweg bis zur Proxenalm. Nun nehmen wir die Abzweigung nach links, die durch Wald zum Gasthof Pirchnerrast führt. In vielen Kehren folgen wir dem Fahrweg hinunter über den Zintberg nach Schwaz.

67 **Bergwanderung:** Rund um das Kellerjoch

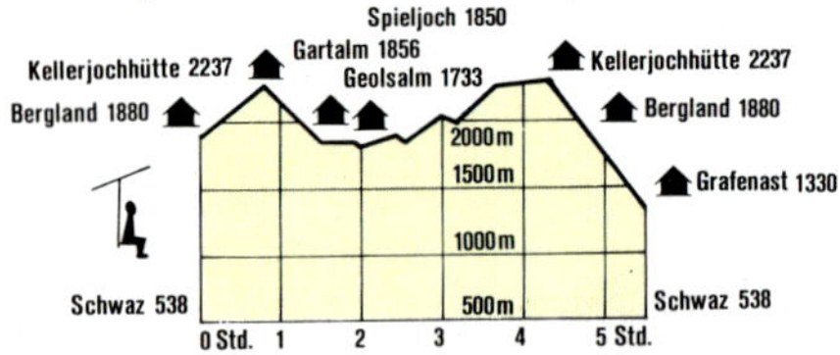

Ausgangspunkt: Schwaz/Grafenast
Parken: Grafenast
Höhenunterschied: 1.400 m
Wanderzeit: $5^1/_2$ Std.

Schwierigkeitsgrad: mittel!
Einkehr: Grafenast, Kellerjochhütte, Gartalm, Geolsalm, Spieljoch, Berggasthof Hecher u. a.

Tourenverlauf: Ob von Westen als spitzgiebeliges Dach oder vom Osten als feingezackter Gipfel – vom Inntal lenkt das Kellerjoch wie kaum ein anderer Berg unsere Blicke auf sich. Der Höhenunterschied von über 1.800 Metern schreckt uns keineswegs ab: problemloser als der Anstieg auf das Kellerjoch wird selten einer sein, wählt man den 2.344 Meter hohen Gipfel als Tourenziel, denn von Schwaz führt ein gutes asphaltiertes Bergsträßchen (Schild »Pillberg«) in 20 Minuten Autofahrt zum Alpengasthof Grafenast. Mit der dritten Sektion der Kellerjoch-Sesselbahn erleichtert man sich den »Zugang« zum Alpengasthof Hecher, nahe der Bergstation. Von dort führt ein gemütlicher Steig an der Bergstation eines Skilifts vorbei in Richtung Kellerjochhütte, die man nach $^3/_4$stündigem Anstieg erreicht. Dabei bieten sich weitreichende Ausblicke auf das Inntal, den Gilfert und zuletzt auch auf den Olperer. Oberhalb vom Schafstall bei der Hütte beginnt auch der gesicherte Steig zum Gipfel (Kapelle). Zur Hütte zurückgekehrt, wandern wir wenige Meter in Richtung Kuhmesser (südlich), biegen bei der Wegtafel links ab und spazieren in das weite Kar hinunter. Über weite Wiesenteppiche und vorbei an Almrosen schlängelt sich der Weg bergab, man kommt an zwei Ruhebänken vorbei und erblickt plötzlich unter sich die glänzenden Dächer der Gartalm ($^3/_4$ Std. ab Kellerjochhütte). Bis hierher kann man auch auf der »höchsten Fahrstraße des Vorderen Zillertals« mit dem Pkw anfahren. Nun folgen wir dem Fahrweg etwa 50 Meter nach Norden und schwenken links auf den Pfad ein, der über ein breites Gesteinstrümmerfeld durchwegs zwischen der Strauchheide nordwärts verläuft. Waren im Osten schon seit längerer Zeit die Reichenspitzgruppe (drei schroffe Gipfel über weißen Firnfeldern) und links daneben der Geiger in der Venedigergruppe sichtbar, so eröffnen sich am weiteren Weg der Reihe nach die Blicke auf den Großen Galtenberg, das Wiedersberger Horn, die Gratlspitz (bei Alpbach) und das Rofangebirge, während tief unter uns im Zillertal die Orte Uderns und später auch Fügen sichtbar werden. Oberhalb der Geolsalm (ebenfalls von Fügen mit dem Pkw erreichbar, 5 Minuten Abstieg von unserem Weg) beginnt nun der weiß-gelb markierte Steig an Höhe zu gewinnen und plötzlich stehen wir am Kamm oberhalb der Spieljochbahn. Der Wegweiser (AV-Markierung 329, die den gesamten Rundwanderweg bezeichnet) weist die weitere Richtung: Alpinsteig. Links geht es nun

Kellerjoch

über Schwarzerdeböden am Rücken empor bis zu einer Bergstation eines Skilifts. Hier kürzen wir ab: nicht geradeaus auf die Graskuppe, sondern links, fast eben, verläuft ein Wiesensteiglein an einigen Lacken vorbei zu dem Sattel östlich des Metzenjochs (Stange mit rot-weiß-roter Markierung). Nordwestlich geht es weiter, in eine weite Mulde hinab, an deren unterem Rand zwei Lacken an einem moränenähnlichen Wall liegen. Nun steigt der Pfad wieder an, quert Steinrinnen und zieht schließlich (Wegweiser) in ein Hochtal hinauf. Pfeifende Murmeltiere verschwinden in ihrem Bau entlang des Weges. Oben am felsigen Kamm angelangt, geht es wieder leicht abwärts an der Abzweigung nach Schwaz vorbei in die Nordflanke des Kellerjochs. Drahtseile sichern den breiten Weg, der zu einer weiteren Geländerippe kommt, wo in nächster Nähe die Kellerjochhütte sichtbar wird. Im Anstieg dauert es noch 10 Minuten bis zum Schutzhaus. Hier schließt sich die Runde und wir wandern über den Rücken hinunter zum Berggasthof Hecher (½ Std.), wo man den Sessellift (letzte Talfahrt 16.30 Uhr) zur Talfahrt benützt. Der Abstieg nach Grafenast zu Fuß führt zuerst entlang der Skipiste, wobei man zweimal über den Weidezaun auf Holztreppen klettert und nach links unter den Sessellift einbiegt. Durch Hochwald spaziert man bergab, nördlich, zur Pistenschneise, wo man wieder zwei Treppen benützt. Etwa 50 Meter unterhalb führt der Weg wieder zurück in den Wald, passiert einen Himbeerschlag und mündet wenig später in den unteren Teil der Skipiste, nahe der Fahrstraße nach Grafenast, wo wir den Ausgangspunkt erreichen.

68 **Bergwanderung:** Schwaz – Loassattel – Gilfert, 2.506 m

Ausgangspunkt: Schwaz
Parken: Alpengasthof Gamsstein
Höhenunterschied: 820 m
Wanderzeit: 5 Std.
Schwierigkeitsgrad: mittel!
Einkehr: Gasthof Loas, Gamsstein

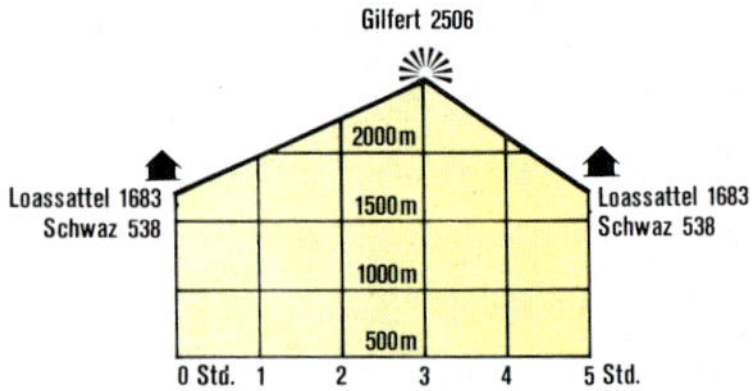

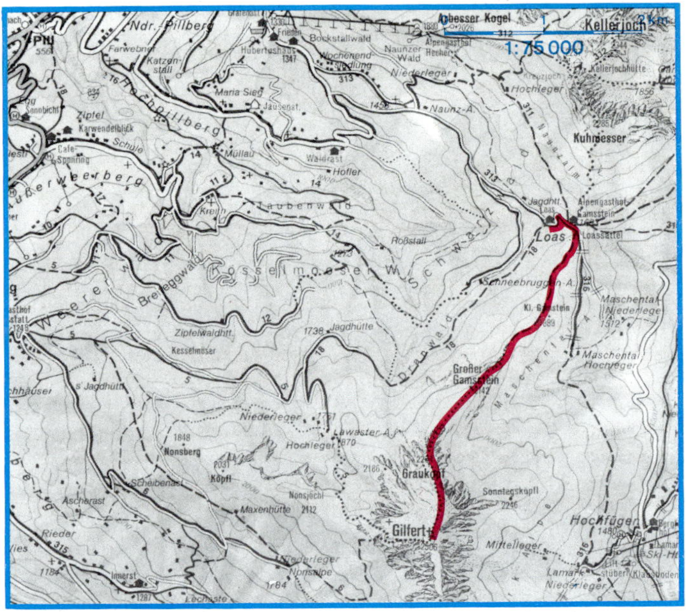

Tourenverlauf: Von Schwaz kann man mit dem Pkw dem Hinweisschild »Berggasthöfe« folgend, über den Hochpillberg zum Loassattel herauffahren. (Von der Abzweigung oberhalb des Gasthofs Waldrast, wo die Schotterstraße beginnt, benötigt man etwa 1 Std. zu Fuß). Gegenüber vom Alpengasthof Gamsstein passieren wir ein Gatter, gehen an dem Skilift vorbei, und folgen dem breiten Kamm aufwärts. Bald spazieren wir am breiten Rücken (kleine Seen, Almrausch) hinauf zum Kleinen und Großen Gamsstein. Von hier überblickt man die folgende Wegstrecke, die immer aussichtsreich am Kamm verläuft. Nach einem kurzen Abstieg geht es steiler bergan in die Ostflanke des Graukopfes. Nach einem kurzen Steilstück erreicht man den weiten Gipfel. An Schneefeldern vorbei folgen wir dem steinigen Pfad bis zum höchsten Punkt aufwärts. Nach der genossenen herrlichen Aussicht wandern wir dem Anstieg folgend wieder zurück zum Loassattel.

69 **Bergtour:** Jenbach – Stanser Joch, 2.102 m

Ausgangspunkt: Jenbach
Parken: im Ort
Höhenunterschied: 1.540 m
Wanderzeit: 8½ Std.
Schwierigkeitsgrad: mittel!

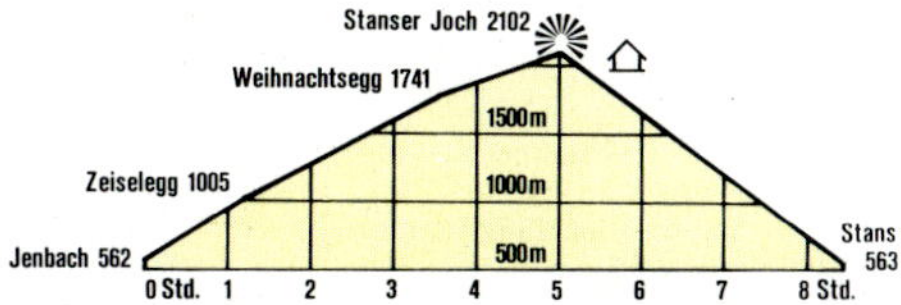

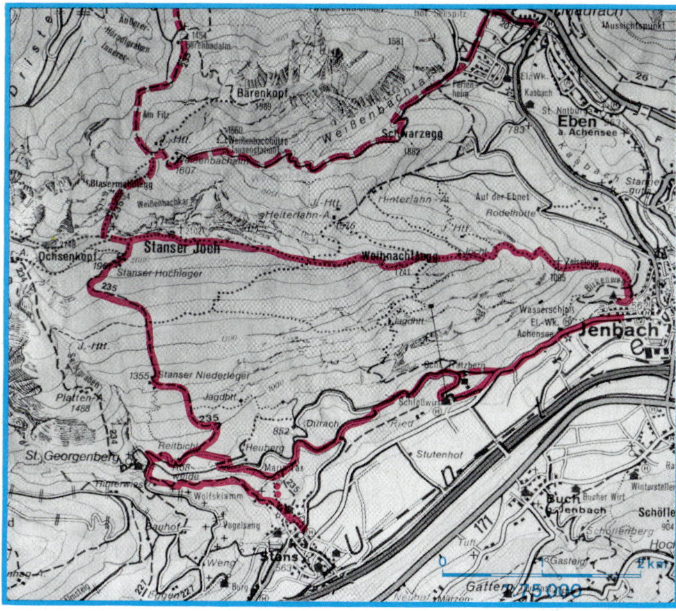

Tourenverlauf: Nahe der Jugendherberge in Jenbach beginnt der lange Aufstieg über den Rücken zum Stanser Joch. Nach dem steilen Waldstück und dem Queren des oberen Teiles der breiten Schneise erreichen wir nach 1¼ Std. das Zeiselegg, 1.005 m. Nun geht es abermals steil bergan: zwischen den Felswänden führt im Zickzack der Aufstieg zur Jöchlalm und weiter auf das Weihnachtsegg (3½ Std. von Jenbach). Während der folgenden Wegstrecke über den mit Latschen bewachsenen Kamm bieten sich traumhafte Ausblicke in das Karwendelgebirge und über das Inntal bis hin zu den Gletschern der Stubaier Alpen. Vom Gipfel am Stanser Joch, das schon vom Inntal als breiter Bergrücken wirkt, gibt es mehrere Abstiegsmöglichkeiten: über die Stanser Almen südwärts zur Roßweide oberhalb von Stans (3½ Std.); über die Jausenstation Weißenbachalm nach Maurach, 3 Std.; über die Bärenbadalm (bewirtschaftet) zum Karwendellift bei Pertisau, 2 Std. oder am Anstiegsweg nach Jenbach.

Schloß Tratzberg

70 **Wanderung:** Jenbach – Stans – Wolfsklamm – Schloß Tratzberg

Ausgangspunkt: Jenbach
Parken: im Ort
Höhenunterschied: 300 m
Wanderzeit: 2½ Std.
Schwierigkeitsgrad: leicht!
Einkehr: St.Georgenberg, Tratzberg
Karte: siehe Seite 118

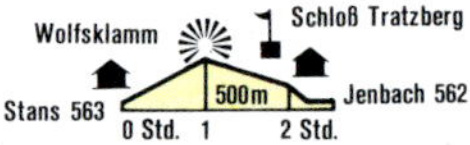

Tourenverlauf: Mit dem Postbus fahren wir vormittags von Jenbach nach Stans, dem eigentlichen Ausgangspunkt unserer Wanderung, die wir mit einer Führung im Schloß Tratzberg verbinden wollen. (Die Führungen finden bei 5 Personen um 10, 11, 14, 15 und 16 Uhr statt.) Entweder vom Parkplatz Wolfsklamm rechts über Maria Tax oder durch die Wolfsklamm (siehe Wanderung Nr. 61; vor der Holzbrücke rechts zur Roßweide) nach Maria Tax erreicht man den Fahrweg, der am Hang entlang in Richtung Schloß Tratzberg führt. Der guten grünen Beschilderung folgend wandern wir durch Hochwald, wobei sich hier und da nette Ausblicke zum Kellerjoch und in das Unterinntal ergeben. Vom Schloß gehen wir auf der Straße zum Gasthof Tratzberg hinunter, von wo man in 20 Minuten nach Jenbach zurück gelangt.

Alpengasthöfe und Unterkunftshütten

Alle Angaben ohne Gewähr! Bitte erfragen Sie vor Beginn der Wanderung im Talort die Bewirtschaftungszeit.

Karwendel

Alpenanger, 892 m, privat, Post: A-6212 Eben am Achensee, ganzjährig bewirtschaftet. Zugang: von Vorderriß 1½ Std. Übergänge: nach Hinterriß ¾ Std.; zur Tölzer Hütte 3½ Std. Gipfel: Schafreiter, 2.100 m, 4 Std. (leicht).

Alpensöhnehütte (Winklerhütte), 1.345 m, Verein Alpensöhne, Post: A-6060 Absam, bewirtschaftet nur So/Fei vom Mai bis Oktober. Zugang: von Hall i.T. 2½ Std. Übergang: nach St. Magdalena ½ Std.; zur Bettelwurfhütte 3 Std.; zur Hinterhornalm 2½ Std.

Arnspitzhütte, 1.957 m, Alpenverein, Post: A-6108 Scharnitz, unbewirtschaftet. Zugänge: von Mittenwald 3 Std.; von Scharnitz 3¼ Std. Gipfel: Große Arnspitze, 2.196 m, 1 Std. (nur für Geübte).

Arzler Alm, 1.067 m, privat, Post: A-6020 Innsbruck, teilweise bewirtschaftet. Zugang: von der Hungerburg ½ Std. Übergang: zur Umbrüggler Alm 1 Std.; zur Rumer Alm 1 Std.; zur Seegrube 3 Std.

Aschauer Alm, 1.020 m, privat, Post: D-8102 Mittenwald, ganzjährig bewirtschaftet. Zugang: von Mittenwald 1½ Std. Übergang: zum Jägerhaus (Krinner-Kofler-Hütte) 1¼ Std.

Bächental, 906 m, Forsthaus Aquila, Alpengasthof, privat, Post: A-6212 Eben am Achensee. Zugänge: von Achenwald 1½ Std.; von Fall 2 Std.; Skigebiet.

Bärenbad-Bergstation, 1.510 m, privat, Post: A-6212 Eben a. A., ganzjährig bewirtschaftet. Zugang: von Pertisau, Karwendellift Zwölferkopf. Übergang: zur Bärenbadalm ¼ Std.

Bärenbadalm, 1.454 m, privat, Post: A-6212 Eben am Achensee, teilweise bewirtschaftet. Zugänge: von Pertisau 1¾ Std.; von Bergstation ¼ Std. Übergang: zur Weißenbachalm ¾ Std.

Bettelwurfhütte, 2.077 m, Alpenverein, Post: A-6060 Absam, bewirtschaftet vom 15. Juni bis 30. September. Zugang: von Hall 4½ Std., Kfz bis Bettelwurf-Brünnl (Materialseilbahn), 3 Std. im Winter unzugänglich. Übergang: zum Hallerangerhaus über Lafatscherjoch 1½ Std. (nur für Geübte). Gipfel: Gr. Bettelwurf, 2.725 m, 2 Std. (nur für Geübte).

Binsalm, 1.502 m, privat, Post: A-6134 Vomp, teilweise bewirtschaftet; Zugänge: vom Eng-Wirtshaus 1 Std.; von der Gramaialm zum Gramaialm-Hochleger ¾ Std. Übergang: zur Lamsenjochhütte 1½ Std.

Birkkarhütte, 2.639 m, MT-Verein Mchn., nur Unterstand. Zugang: vom Karwendelhaus 2½ Std. (nur für Geübte), vom Hallerangerhaus über Kasten 5 Std. (nur für Geübte). Gipfel: Ödkar- und Birkkarspitzen (nur für Geübte).

Brunnsteinhütte, 1.560 m, Alpenverein, Post: D-8102 Mittenwald, bewirtschaftet von 15. Mai bis 15. Oktober. Zugang: von Mittenwald 2 Std. Übergang: nach Scharnitz 2¾ Std., zur Tiroler Hütte 1½ Std. (leicht). Gipfel: Höhenweg über die Linderspitze (Führungstour) 3–4 Std. (nur für Geübte); Brunnensteinspitze, 2.179 m, 2 Std. (mittel).

Brunntal, Rasthaus, ca. 1.200 m, privat, Post: A-6170 Zirl, ganzjährig bewirtschaftet. Zugang: von Zirl 1¾ Std. Übergang: zur Neuen Magdeburger Hütte 1½ Std.

Dammkarhütte, 1.650 m, privat, Post: D-8102 Mittenwald, bewirtschaftet von Ostern bis Ende September. Zugang: von Mittenwald 2 Std. Übergänge: zur Hochlandhütte 1–1½ Std.; zur Mittenwalder Hütte über die Westl. Karwendelspitze 3½ Std. Gipfel: Westliche Karwendelspitze, 2.385 m, 2 Std. (nur für Geübte).

Eng-Alm, 1.216 m, privat, Post: A-6134 Vomp, teilweise bewirtschaftet, weitere Angaben siehe Eng-Wirtshaus.

Eng-Wirtshaus (Brennhütte), 1.218 m, privat, Post: A-6134 Vomp, bewirtschaftet vom 15. Mai bis Ende Oktober. Zugänge: von Hinterriß 12 km, Kfz zum Haus; von Pertisau 5½ Std.; Übergänge: zur Lamsenjochhütte 2½ Std.; zur Falkenhütte 2½ Std.; zur Plumsjochhütte 2 Std.; zur Gramaialm 2½ Std. (alle Übergänge leicht).

Enzianhütte, 1.041 m, privat, Post: A-6064 Rum, ganzjährig bewirtschaftet. Zugang: von Innsbruck 1¾ Std. Übergang: zur Rumer Alm ½ Std.

Eppzirler Alm, 1.459 m, privat, Post: A-6108 Scharnitz, im Sommer bewirtschaftet. Zugang: von Scharnitz-Gießenbach, 2 Std. Übergang: zum Solsteinhaus, 3 Std. Gipfel: Erlspitze, 2.405 m, 3¼ Std.

Falkenhütte (Adolf-Sotier-Haus), 1.846 m, Alpenverein, Post: A-6134 Vomp, bewirtschaftet von Pfingsten bis 10. Oktober. Zugänge: von Hinterriß 3½ Std., vom Eng-Wirtshaus 2 Std. Übergänge: zum Karwendelhaus 2½ Std.; zur Lamsenjochhütte 3¾ Std. Gipfel: nur Kletterregion.

Falzturnalm, 1.089 m, privat, Post: A-6212 Eben am Achensee, bewirtschaftet von Pfingsten bis 30. September. Zugang: von Pertisau 1¼ Std. Übergänge: zur Lamsenjochhütte 2¾ Std.; zum Eng-Wirtshaus 2½ Std.; zur Gramaialm 1 Std.

Feilkopfalm, 1.380 m, privat, Post A-6213 Pertisau, bewirtschaftet von Anfang Juni bis Ende September. Zugang: von Pertisau 1½ Std. Gipfel: Feilkopf, 1.558 m, ½ Std.

Fuggerangeralm, ca. 960 m, privat, Post: A-6212 Eben am Achensee, ganzjährig bewirtschaftet. Zugang: von Hinterriß 30 Min., Kfz zum Haus. Übergänge: zur »Eng« 3 Std.; nach Pertisau über das Plumsjoch 4¾ Std. (leicht). Gipfel: Schafreiter, 2.100 m, 4¼ Std. (leicht).

Gaisalm, 930 m, privat, Post: A-6215 Achenkirch, teilweise bewirtschaftet (So). Zugang: von Pertisau 1¼ Std. oder mit Schiff.

Gernalm, 1.172 m, privat, Post: A-6212 Eben am Achensee, teilweise bewirtschaftet (So/Feiertage). Zugang: von Pertisau 1½ Std. Übergänge: zur Plumsjochhütte 1½ Std.; zum Eng-Wirtshaus 3½ Std. Gipfel: Plumsjoch, 1.920 m, 2½ Std. (leicht).
Gramaialm, 1.261 m, privat, Post: A-6212 Eben am Achensee, teilweise bewirtschaftet (So). Zugang: von Pertisau 2¼ Std. Übergänge: zur Lamsenjochhütte 1½ Std.; zum Eng-Wirtshaus 2½ Std.; zum Gramaialm-Hochleger 1¾ Std.
Gramaialm-Hochleger, 1.733 m, privat, Post: A-6212 Eben am Achensee, teilweise bewirtschaftet. Zugang: von Pertisau 4 Std.; vom Eng-Whs. 1¾ Std. Übergänge: zur Gramaialm 1¼ Std.; zur Binsalm ½ Std. Gipfel: Sonnjoch, 2.458 m, 2 Std. (mittel).
Härmelekopf-Bergstation, 2.050 m, privat, Post: A-6100 Seefeld in Tirol, ganzjährig bewirtschaftet, keine Unterkunft. Zugang: von Seefeld 3 Std. oder mit der Bergbahn. Übergang: zur Nördlinger Hütte 1½ Std. (nur für Geübte).
Hafelekarhaus, (Bergstation) 2.256 m, privat, Post: A-6020 Innsbruck, bewirtschaftet während der Betriebszeit der Seilbahn. Zugang: Bergstation der Hafelekarbahn. Übergang: zur Pfeishütte 3 Std. (teilweise seilversichert, leicht). Gipfel: Hafelekarspitze, 2.334 m, ¼ Std. (leicht).
Halleranger Alm, 1.770 m, privat, Post: A-6060 Absam, im Sommer bewirtschaftet; weitere Angaben siehe Hallerangerhaus.
Hallerangerhaus, 1.768 m, Alpenverein, Post: A-6060 Absam, bewirtschaftet von Pfingsten bis 15. Oktober. Zugänge: von Scharnitz 5 Std.; von Hall i.T. 5½ Std. Übergang: durchs Vomperloch nach Schwaz ca. 6½–7 Std. (mittel). Gipfel: Klettergebiet.
Hinterhornalm, 1.524 m, privat, Post: A-6060 Gnadenwald, bewirtschaftet von Frühjahr bis Herbst. Zugang: von Hall, über St. Martin 3 Std.; über »Gnadenwalder Höhenstraße« mit Auto, Mautgebühr. Übergänge: ins Vomperloch über den Knappensteig 3 Std. (nur für Geübte) und weiter zum Hallerangerhaus 2 Std. (nur für Geübte).
Hinterriß, 931 m, Ghs. und Jagdschloß, Post: A-6212 Eben am Achensee, ganzjährig bewirtschaftet. Zugang: von Vorderriß 11 km, Kfz zum Haus. Übergang: zum Eng-Wirtshaus (Großer Ahornboden) 12 km, 3 Std., Kfz zum Haus. Gipfel: Sonnalmjoch, 1.986 m, 3 Std. (leicht); Fleischbank, 2.026 m, 3 Std. (leicht).
Hochlandhütte, 1.630 m, Alpenverein, Post: D-8102 Mittenwald, einfach bewirtschaftet von Pfingsten bis Anfang Oktober. Zugang: von Mittenwald 2 Std. Übergang: zur Dammkarhütte 2½ Std. Gipfel: Wörner, 1.976 m, 2½–3 Std. (nur für Geübte).
Höttinger Alm, 1.487 m, privat, Post: A-6020 Innsbruck, Sommerwirtschaft. Zugang: von Innsbruck-Hötting 2½ Std. Übergänge: zur Seegrube 2 Std. (leicht); zum Achselboden (Alm), 1.634 m, 1 Std. (leicht). Gipfel: Langer Sattel, 2.258 m, 2½ Std. (mittel).
Jägerhaus, 1.410 m, privat, Post: D-8102 Mittenwald, bewirtschaftet von Juni bis September. Zugang: von Mittenwald 3 Std.
Jenbacher Hütte, 950 m, privat, Post: A-6200 Jenbach, ganzjährig bewirtschaftet. Zugänge: von Maurach, 1 Std.; von Jenbach, 1¼ Std.
Kaiser Max, Ghs. in Hochzirl, 922 m, privat, Post: A-6170 Zirl, ganzjährig bewirtschaftet. Zugang: von Zirl ¾ Std.
Karwendelhaus, 1.771 m, Alpenverein, Post: A-6108 Scharnitz, bewirtschaftet von Pfingsten bis 15. Oktober. Zugänge: von Scharnitz 4½ Std.; von Hinterriß 4 Std. Übergänge: zum Hallerangerhaus 5½ Std. (nur für Geübte); zur Falkenhütte 2½–3 Std. (leicht); zum Eng-Wirtshaus 5 Std. (leicht). Gipfel: Ödkarspitzen, östl. 2.739 m, 3 Std.; Birkkarspitze, 2.749 m, 3 Std. (alle nur für Geübte).
Karwendelrast, 830 m, privat, Gasthaus, Post: A-6134 Vomp, ganzjährig bewirtschaftet. Zugang: Von Vomp 40 Min.
Kerschbuchhof, 811 m, privat, Gasthaus, Post: A-6020 Innsbruck, ganzjährig bewirtschaftet. Zugang: von Kranebitten ½ Std., Kfz zum Haus.
Lafatscher Hochleger, 1.658 m, privat, Post: A-6060 Absam, im Sommer bewirtschaftet. Zugänge: von Scharnitz 4 Std.; von der Hinterödalm 1 Std. (nur für Geübte). Übergang: zum Hallerangerhaus 1¼ Std. (leicht). Gipfel: Klettergebiet.
Lalidererspitzen-Biwakschachtel, 2.495 m, Zw. Innsbruck Ö.A.V., Gruppe »Gipfelstürmer«, in der Scharte zwischen Lalidererspitze und Lalidererwandgipfel. Zugänge: von der Falkenhütte in schwieriger Kletterei, von Süden (Roßloch) sehr mühsam.
Lamsenjochhütte, 1.953 m, Alpenverein, Post: A-6134 Vomp, bewirtschaftet von Mitte Juni bis 15. Oktober. Zugänge: von Schwaz, Stans, Vomp oder Pertisau 4½ Std.; von der Eng 2 Std. Übergänge: zur Falkenhütte 4 Std.; zum Karwendelhaus 6¾ Std.; nach Hinterriß 5½ Std. Gipfel: Lamsenspitze, 2.508 m, 2 Std. (nur für Geübte).
Larchetalm, 1.174 m, privat, Post: A-6108 Scharnitz, teilweise bewirtschaftet. Zugang: von Scharnitz 2 Std. Übergang: zum Karwendelhaus 2½ Std.
Mittenwalder Hütte, 1.518 m, Alpenverein, Post: D-8102 Mittenwald, bewirtschaftet von Mitte Mai bis Mitte Oktober. Zugang: von Mittenwald 1½–2 Std. Übergänge: zur Brunnsteinhütte 2 Std.; zur Dammkarhütte über die Westliche Karwendelspitz 3½ Std. (nur für Geübte). Gipfel: Westliche Karwendelspitze, 2.385 m, 2½ Std. (nur für Geübte).
Möslalm (Arzler Kristenalm), 1.252 m, privat, Post: A-6108 Scharnitz, teilweise bewirtschaftet. Zugang: von Scharnitz 3 Std. Übergänge: zur Höttinger Alm über Frau-Hitt-Sattel 3¾ Std. (mittel); zur Pfeishütte 2¼ Std. (leicht).

Neue Magdeburger Hütte, 1.637 m, Alpenverein, Post: A-6170 Zirl, bewirtschaftet vom 1. Juni bis 15. Oktober. Zugänge: von Hochzirl 2½ Std.; von Zirl 3 Std.; von Kranebitten 3¼ Std.; von Innsbruck 4 Std. Übergang: zum Solsteinhaus über Zirler Schützensteig ca. 2 Std. (nur für Geübte).

Nördlinger Hütte, 2.238 m, Alpenverein, Post: A-6103 Reith b.Seefeld, bewirtschaftet vom 1. Juni bis 1. Oktober. Zugänge: von Reith 3½ Std.; von Seefeld 3½ Std. Übergang: zur Härmelekopf-Bergstation über Reither Spitze 2 Std. (nur für Geübte). Gipfel: Reither Spitze 2.373 m, ½ Std. (mittel).

Pfeishütte, 1.920 m, Alpenverein, Post: A-6020 Innsbruck, bewirtschaftet von Pfingsten bis 15. Oktober. Zugänge: vom Hafelekar über den Goetheweg 3 Std. (leicht); von Scharnitz 5 Std. Übergänge: nach Innsbruck über das Kreuzjöchl 4 Std. (leicht). Der Übergang über die Arzlerscharte ist am schnellsten; Schuttreise; zum Hallerangerhaus 4 Std., bzw. 3 Std. über den Wilde-Bande-Weg (nur für Geübte). Gipfel: Rumer Spitze, 2.453 m, 1¾ Std. (nur für Geübte).

Pleisenhütte, 1.757 m, privat, Post: A-6108 Scharnitz, ganzjährig bewirtschaftet an So/Feiertagen. Zugang: von Scharnitz 2½Std. Gipfel: Pleisenspitze, 2.567 m, 3 Std. (nur für Geübte).

Pletzachalm, 1.040 m, privat, Post: A-6212 Eben am Achensee, bewirtschaftet von Mitte April bis Ende November. Zugang: von Pertisau 3 Std. Übergang: zur Plumsjochhütte, 2¼ Std. (leicht).

Plumsjochhütte, 1.630 m, privat, Post: A-6212 Eben am Achensee, teilweise bewirtschaftet. Zugang: von Pertisau 3 Std. Übergänge: zum Eng-Wirtshaus, 2 Std.; nach Hinterriß, 4½ Std. Gipfel: Plumsjoch, 1.920 m, 1 Std. (leicht).

Rauschbrunnen, 1.088 m, privat, Post: A-6020 Innsbruck, teilweise bewirtschaftet, keine Unterkunft. Zugänge: von Innsbruck/Allerheiligenhöfe 1 Std.; von Innsbruck/Kranebitten 1½ Std. Übergang: zur Neuen Magdeburger Hütte 2 Std.

Reitherjochalm, 1.500 m, privat, Post: A-6100 Seefeld, Zugänge: von Reith 2 Std.; von Seefeld ¾ oder 1½ Std. Übergänge: zur Roßhütte 1 Std.; Härmelekopfhütte 2½ Std.; zur Nördlinger Hütte 2 Std.

Roßhütte am Seefelder Joch, 1.751 m, privat, Post: A-6100 Seefeld, ganzjährig bewirtschaftet, ohne Unterkunft. Zugang: von Seefeld 2 Std. oder mit der Standseilbahn. Übergang: zur Härmelekopf-Bergstation 2 Std. (Kabinenseilbahn). Skigebiet.

Rumer Alm, 1.243 m, privat, Post: A-6064 Rum, ganzjährig bewirtschaftet. Zugang: von Arzl 1¾ Std.; von der Hungerburg 1½ Std. Übergang: zur Pfeishütte über das Kreuzjöchl 3 Std. (leicht); über die Arzler Scharte (mühsam) 3 Std.

St. Georgenberg, 895 m, privat, Gasthaus (Wallfahrtsort), Post: A-6135 Stans, teilweise bewirtschaftet. Zugänge: von Schwaz 2 Std.; von Stans 1¾ Std. Übergänge: zur Stallenalm 2 Std.; nach Pertisau über das Stanserjoch 4½ Std. (leicht). Gipfel: Ochsenkopf, 2.148 m, 3½ Std. (leicht).

St. Magdalena, 1.287 m, Gasthaus, privat, Post: A-6060 Absam, ganzjährig bewirtschaftet. Zugang: von Hall i.T. 2½ Std.; Kfz zum Haus. Übergänge: zum Hallerangerhaus 3 Std.; zur Thaurer Alm 2½ Std.

Seegrube – Berghotel, 1.905 m, privat, Post: A-6020 Innsbruck, ganzjährig bewirtschaftet, Zwischenstation der Nordkettenbahn. Zugang: von Innsbruck 3½ Std.; von der Hungerburg 2½ Std.; Seilbahn in 14 Min. Übergang: über den Goetheweg zur Pfeishütte 3 Std. (leicht). Gipfel: Hafelekarspitze, 2.334 m, 1¼ Std. (leicht).

Seewaldhütte, 1.582 m, Alpenverein, Post: 6215 Achenkirch, nicht bewirtschaftet. Zugang: von Achenkirch, 2 Std. Gipfel: Hochplatte, 1.814 m, 1 Std.

Soiernhaus, 1.613 m, Alpenverein, Post: D-8101 Krün, bewirtschaftet: Ostern, Pfingsten bis Anfang Oktober. Zugang: von Krün 3½ Std. Gipfel: Schöttelkarspitze, 2.049 m, 1 Std. (leicht).

Solsteinhaus, 1.808 m, Alpenverein, Post: A-6170 Zirl, bewirtschaftet vom 15. Mai bis 10. Oktober. Zugänge: von Hochzirl 3 Std.; von Scharnitz 4½ Std. Übergänge: zur Möslalm 2 Std.; zur Magdeburger Hütte, 1 Std. Gipfel: Großer Solstein, 2.541 m, 2 Std. (leicht).

Stallenhütte, 1.346 m, privat, Post: A-6134 Vomp, bewirtschaftet vom 1. Mai bis 31. Oktober. Zugänge: von Schwaz, Stans oder Vomp 3 Std. Übergang: zur Lamsenjochhütte 1½ Std.

Thaurer Alm, 1.461 m, privat, Post: A-6065 Thaur, im Sommer bewirtschaftet. Zugang: von Thaur 2½ Std. Übergänge: zu den Herrenhäusern übers Törl 1¾ Std. (leicht); zur Pfeishütte übers Kreuzjöchl 2½ Std. (leicht).

Tiroler Hütte, 2.153 m, privat, Post: A-6108 Scharnitz, teilweise bewirtschaftet. Zugänge: von Scharnitz und Mittenwald je 3½ Std. Gipfel: Rotwandlspitze, 2.190 m, ½ Std. (leicht); zur Brunnensteinspitze, 2.179 m, ¾ Std. (leicht).

Tölzer Hütte, 1.825 m, Alpenverein, Post: A-6212 Eben am Achensee, bewirtschaftet von Juni bis Ende September. Zugänge: von Hinterriß 2¾ Std.; von Fall 5½ Std. Übergang: nach Achensee (Scholastika) durchs Baumgartental ca. 7 Std. Gipfel: Schafreiter 2.100 m, ¾ Std. (leicht).

Umbrüggler Alm, Jausenstation, 1.114 m, privat, Post: A-6020 Innsbruck, im Sommer bewirtschaftet. Zugang: von Innsbruck/Hungerburg 1 Std.; von Innsbruck/Hötting 2 Std. Übergang: zur Höttinger Alm 1 Std.

Vintlalm, Jausenstation, 1.567 m, privat, Post: A-6065 Thaur, im Sommer bewirtschaftet. Zugänge: von Rum und Thaur 2½ Std. Übergänge: zur Rumer Alm ½ Std., zur Thaurer Alm ½ Std.

Vomperberg, 840 m, private Gasthäuser, Post: A-6134 Vomp, ganzjährig bewirtschaftet. Zugänge: von Schwaz 1½ Std.; von Vomp ¾ Std.; Kfz zum Haus 4 bzw. 7 km.

Walder-Alm, 1.505 m, privat, Post: A-6060 Solbad Hall, bewirtschaftet nur im Sommer. Zugang: von St. Martin, 2½ Std. Übergang: zur Hinterhornalm, ½ Std.
Weißenbachalm, Jausenstation, 1.550 m, privat, Post: A-6200 Jenbach, ganzjährig bewirtschaftet, keine Nächtigung. Zugänge: von Maurach (Achensee) 2½ Std.; von Jenbach 3 Std. Übergang: nach Stans über das Stanser Joch 3½ Std. Gipfel: Ochsenkopf, 2.148 m, 2 Std. (leicht).

Rofangebirge (Sonnwendgebirge)

Adlerhorst, Jausenstation, 1.400 m, privat, Post: A-6215 Achenkirch, teilweise bewirtschaftet. Zugang: von Achenkirch, 1½ Std. oder mit dem Sessellift. Gipfel: Hochunnütz, 2.075 m, 2¼ Std. (leicht).
Astenau-Alpe, Wirtshaus, 1.483 m, privat, Post: A-6200 Jenbach, teilweise bewirtschaftet. Zugang: von Eben 1½ Std. Übergang: zur Erfurter Hütte, 1½ Std. Gipfel: Ebener Joch, 1.954 m, 1¼ Std.
Bayreuther Hütte, 1.600 m, Alpenverein, Post: A-6233 Kramsach, bewirtschaftet von Ende Mai bis Ende Oktober. Zugänge: von Kramsach über Mariathal, 3 Std.; von Münster über Grünsbach, 3 Std. Übergang: zur Erfurter Hütte über Scherbensteinalm, 3½ Std: Gipfel: Vorderes Sonnwendjoch, 2.224 m, 2¼ Std.; Rofanspitze, 2.260 m, über Markgatterl 2½ Std.
Berglsteiner, Gasthof, 750 m, privat, Post: A-6240 Rattenberg, ganzjährig bewirtschaftet. Zugang: von Achenrain, 1 Std.
Dalfazeralm, 1.600 m, privat, Post: A-6212 Maurach, nur im Sommer bewirtschaftet. Zugang: von Buchau 2 Std. Übergang: zur Erfurter Hütte 1 Std. Gipfel: Hochiß, 2.299 m, 3 Std.
Erfurter Hütte, 1.834 m, Alpenverein, Post: A-6212 Maurach, bewirtschaftet über Weihnachten und ab Mitte Februar bis Mitte Oktober. Bei Betriebseinstellung der Seilbahn bleibt die Hütte unbewirtschaftet. Zugänge: an der Gipfelstation der Rofanseilbahn; von Maurach über Mauritzalm, 2½ Std.; von Buchau über die Dalfazalm, 3 Std. Übergänge: zur Dalfazeralm, 1 Std.; zur Bayreuther Hütte über Scherbensteinalm, 3½ Std. Gipfel: Gschöllkopf, 2.039 m, ¾ Std.; Haidachstellwand, 2.190 m, 1¼ Std.; Hochiß, 2.299 m, 2¼ Std.; Vorderes Sonnwendjoch, 2.224 m, über Schermsteinalm 3 Std.; Rofanspitze, 2.260 m, über Grubascharte 2 Std.
Erzherzog-Johann-Klause, 814 m, privat, Post: A-6234 Brandenberg, ganzjährig bewirtschaftet. Zugang: von Brandenberg/Inntal, 3 Std. Übergang: nach Valepp, 900 m, 2 Std. Gipfel: Trausnitzberg (Schinder), 1.808 m, 3 Std.
Kaiserblick, 600 m, privat, Post: A-6250 Kundl, ganzjährig bewirtschaftet. Zugang: von Breitenbach 1 Std. Gipfel: Plessenberg, 1.743 m, 3 Std. (leicht).
Kaiserhaus, 706 m, privat, Post: A-6234 Brandenberg, ganzjährig bewirtschaftet. Zugang: von Brandenberg/Inntal 1½ Std. Übergang: zur Erzherzog-Johann-Klause 1½ Std. Gipfel: Roßkopf, 1.633 m, 3 Std. (leicht).
Köglalm, 1.431 m, privat, Post: A-6215 Achenkirch, teilweise bewirtschaftet. Zugang: von Scholastika 2 Std. Übergang: nach Steinberg 2¼ Std. Gipfel: Hochunnütz, 2.075 m, 1½ Std.
Ludwig-Aschenbrenner-Hütte (Gufferthütte), 1.465 m, ÖAV, Post: A-6234 Brandenberg, teilweise bewirtschaftet. Zugang: von Achental, 3½ Std.
Mauritzalm, 1.440 m, privat, Post: A-6212 Maurach, nur im Sommer bewirtschaftet. Zugang: von Maurach 1½ Std. Übergang: zur Erfurter Hütte 1 Std. Gipfel: Ebner Joch, 1.954 m, 2½ Std.
Obere Bergalm, 1.029 m, privat, Post: A-6215 Achenkirch, ganzjährig bewirtschaftet. Zugang: von Achenkirch 1¾ Std. Übergang: zur Gufferthütte über Ißlam 3 Std.
Rofan-Alpengasthof, 1.840 m, privat, Post: A-6212 Maurach, bewirtschaftet von Januar bis Oktober (je nach Betrieb der Rofanseilbahn). Zugänge: von Maurach, 2½ Std. oder mittels Rofanseilbahn.

Schwaz – Umgebung

Gamsstein-Alpengasthof am Loassattel, 1.683 m, privat, Post: A-6130 Schwaz, ganzjährig bewirtschaftet. Zugänge: von Grafenast (Station der Kellerjochbahn) 1½ Std.; von Hochfügen ¾ Std. Übergänge: zur Kellerjochhütte 1½ Std.; zur Rastkogelhütte, 3½ Std. Gipfel: Gamsstein, 1.889 m, ½ Std. (leicht); Gilfert, 2.506 m, 2 Std. (leicht).
Grafenast Alpengasthof, 1.330 m, privat, Post: A-6130 Schwaz, ganzjährig bewirtschaftet. Zugänge: von Schwaz mit der Kellerjochbahn oder zu Fuß über Pillberg oder Egertboden 2 Std., auch mit Kfz erreichbar. Übergänge: zum Alpengasthof Gamsstein 1½ Std.; zum Alpengasthof Hecher 1½ Std., auch mit der Kellerjochbahn.
Hausstatt, 1.248 m, privat, Post: A-6133 Weerberg, ganzjährig bewirtschaftet. Zugang: von Weer mit Pkw. Gipfel: Gilfert, 2.506 m, über Nonsalm, 4½ Std. (mittel).
Hecher-Alpengasthof, 1.880 m, privat, Post: A-6130 Schwaz, ganzjährig bewirtschaftet. Zugang: von Grafenast 1½ Std., oder mit der Kellerjochbahn. Übergang: zur Kellerjochhütte, 1 Std.
Kellerjochhütte, 2.237 m, Alpenverein, Post: A-6130 Schwaz, zeitweise bewirtschaftet. Zugang: von der Bergstation der Kellerjochbahn ¾ Std. Gipfel: Kellerjoch, 2.344 m, 20 Min. (leicht, jedoch an einigen Stellen Trittsicherheit und Schwindelfreiheit erforderlich).
Loas, Alpengasthof, siehe Gamsstein.

Orte · Hütten · Berge

Titel der KOMPASS-Wanderbücher

Österreich
901 Reutte-Außerfern
902 Ötztal-Pitztal
903 Zillertal-Gerlos
904 Kitzbüheler Alpen
905 Kufstein-Kaisergebirge
906 Stubaital-Wipptal
907 Karwendel-Rofan
908 Innsbruck-Seefeld
909 Kaunertal-Samnaun
910 Arlberg-Silvretta
911 Bludenz-Montafon
912 Bregenzer Wald
913 Lienz-Osttirol
914 Zell am See-Oberpinzgau
915 Lofer-Saalfelden
916 Salzburg-Tennengau
917 Gasteiner Tal-Pongau
918 Salzkammergut-Dachstein
919 Glocknergruppe
978 Mölltal-Maltatal
979 Wachau-Nibelungengau
980 Wienerwald
981 Klagenfurt-Kärntner Seen
982 Gailtal
983 Villach-Nockgebirge

Deutschland
920 Berchtesgadener Land
921 Chiemgau-Bayer. Inntal
922 Tegernsee-Schliersee-Bad Tölz
923 Garmisch-P.-Werdenfelser Land
924 Pfaffenwinkel-Ostallgäu
925 Allgäuer Alpen
940 Insel Sylt

Italien
950 Vinschgau
951 Meran-Burggrafenamt
952 Überetsch-Unterland
953 Bozen-Salten-Schlern
954 Eisacktal
955 Pustertal
956 Dolomiten
957 Brentagruppe
966 Klettersteige Dolomiten-Nord
967 Klettersteige Dolomiten-Süd

Titel der KOMPASS-Stadtführer

Österreich
501 Innsbruck-Igls-Hall
510 Salzburg
520 Wien
530 Graz
535 Klagenfurt-Wörther See

Deutschland
580 München

Italien
540 Brixen-Klausen
545 Bozen
550 Meran
555 Trento (Trient)
560 Venedig
564 Florenz
568 Rom

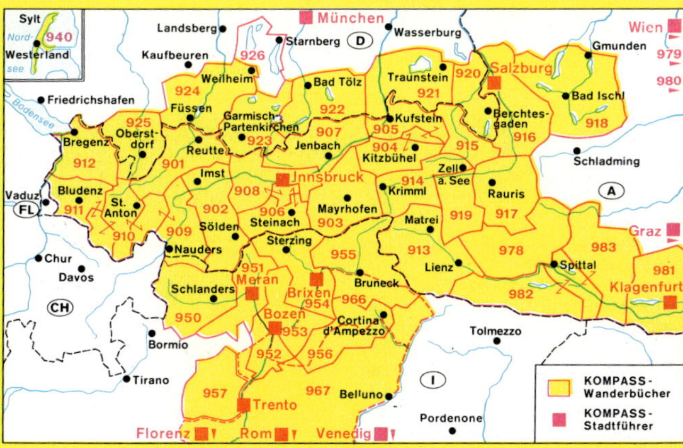

Das große KOMPASS-Wanderkartenprogramm Alpen 1:50.000

Eine farbige Schnittübersicht der KOMPASS-Wanderkarten erhalten Sie kostenlos bei Ihrem Buchhändler oder beim Verlag.

● = Titel mit Kurzführer
□ = Titel mit Radwanderwegen
○ = Titel mit Langlaufloipen
△ = Titel mit alpinen Skirouten
* = Titel in Vorbereitung
Sondermaßstäbe siehe Titelverzeichnis

K 1a	Bodensee, westlicher Teil ● □
K 1b	Bodensee, östlicher Teil ● □
K 1c	Bodensee, Gesamtgebiet 1:75.000 ● □
K 2	Bregenzer Wald – Westallgäu ● □
K 02	Oberstaufen 1:25.000 ● □ ○
K 3	Allgäuer Alpen – Kl. Walsertal ● □
K 03	Oberstdorf – Kleinwalsertal 1:30.000 ● □ ○
K 4	Füssen – Außerfern ● □
K 5	Wettersteingebirge ● □
K 05	Oberammergau 1:35.000 ● □
K 6	Walchensee – Wallgau – Krün ● □
K 7	Murnau – Kochel – Staffelsee ● □
K 8	Tegernsee – Schliersee ● □
K 08	Tegernseer Tal 1:30.000 ● □ ○
K 008	Bayrischzell – Schliersee 1:35.000 ● □
K 9	Kaisergebirge ●
K 09	Kufstein – Kaisergebirge 1:30.000 ● □ ○
K 009	Oberaudorf 1:30.000 □
K 10	Chiemsee – Simssee ● □
K 012	Kössen – Zahmer Kaiser 1:30.000 ● □ ○
K 14	Berchtesgadener Land – Chiemgauer Alpen ● □ △
K 15	Tennengebirge – Hochkönig ● □
K 16	Traunstein – Waginger See ● □
K 17	Salzburger Seengebiet ● □
K 017	Salzburg und Umgeb. 1:35.000 ● □
K 18	Nördl. Salzkammergut ● □
K 018	Wolfgangsee 1:35.000 ● □
K 19	Almtal – Kremstal ●
K 20	Südl. Salzkammergut ● □
K 21	Feldkirch – Vaduz ● □
K 24	Lechtaler Alpen – Hornbachkette ●
K 25	Ehrwald – Lermoos – Mieminger Kette ●
K 26	Karwendelgebirge ● □
K 026	Seefeld (Tirol) 1:25.000 ● □ ○
K 27	Achensee – Rofangebirge ● □ △
K 28	Nördliches Zillertal ● □ △
K 29	Kitzbüheler Alpen ● ○ △
K 029	Kitzbühel 1:30.000 ● ○ △
K 30	Saalfelden – Leoganger Steinberge ●
K 030	Zell am See 1:30.000 ● □ ○
K 31	Radstadt – Schladming ● □ △
K 32	Bludenz – Schruns – Klostertal ● △
K 33	Arlberg – Nördl. Verwallgruppe ● △
K 35	Imst – Telfs – Kühtai ●
K 36	Innsbruck – Brenner ● □ △
K 036	Innsbruck – Igls 1:30.000 ● □
K 37	Zillertaler Alpen – Tuxer Voralpen ● △
K 38	Venedigergruppe – Oberpinzgau ● △
K 39	Glocknergruppe – Zell a. See ● ○ △
K 40	Gasteiner Tal – Goldberggruppe ●
K 040	Badgastein – Bad Hofgastein 1:30.000 ●
K 41	Silvretta – Verwallgruppe ● △
K 42	Landeck – Nauders ● △
K 43	Ötztaler Alpen ● △
K 44	Sterzing/Vipiteno ● △
K 45	Defereggental – Lasörlinggruppe ● △
K 46	Matrei (Osttirol) ● △
K 47	Lienzer Dolomiten ●
K 047	Lienzer Talboden 1:25.000 ● ○
K 48	Kals am Großglockner ● △
K 49	Mallnitz – Obervellach ●
K 50	Heiligenblut – Döllach ● △
K 52	Vinschgau/Val Venosta ● △
K 53	Meran/Merano ●
K 053	Meran 1:25.000 ●
K 54	Bozen/Bolzano ● △
K 054	Lana 1:25.000 ●
K 55	Cortina d'Ampezzo ● △
K 56	Brixen/Bressanone ● △
K 57	Bruneck – Toblach ● △
K 58	Sextener Dolomiten ● △

K 59 Sellagruppe – Marmolata ● △
K 60 Gailtaler Alpen – Karnische Alpen ●
K 61 Wörther – Ossiacher See ● □
K 061 Wörther See – Klagenfurt 1:30.000 ● □
K 63 Millstätter See – Nockgebiet ●
K 063 Bad Kleinkirchheim 1:25.000 ● ○
K 64 Villacher Alpe – Unteres Drautal ●
K 064 Villach – Warmbad Villach 1:22.500 ●
K 65 Klopeiner See – Östl. Karawanken ● □
K 065 Klopeiner See 1:25.000 ●
K 66 Maltatal – Liesertal ●
K 67 Radstädter Tauern – Lungau ● △
K 68 Ausseerland – Ennstal ● △
K 69 Hinterstoder – Windischgarsten ● ○ △
K 70 Gesäuse – Ennstaler Alpen ●
K 71 Adamello – La Presanella △
K 72 Ortler/Ortles – Cevedale ● △
K 73 Gruppo di Brenta ● △
K 073 Dolomiti di Brenta 1:30.000 ● △
K 74 Tramin/Termeno – Cavalese ● △
K 75 Trento – Levico – Lavarone
K 76 Pale di San Martino ● △
K 77 Alpi Bellunesi
K 78 Asiago – Cette Comuni ● △
K 80 Großarltal – Kleinarltal ●
K 81 Wörgl – Hopfgarten – Gerlos – Wildschönau ● △
K 82 Tauferer – Ahrntal/Valle di Tures △
K 83 Stubaier Alpen – Serleskamm ● △
K 85 Mont Blanc/Monte Bianco ● △
K 86 Gran Paradiso – Valle d'Aosta ● △
K 87 Breuil/Cervinia – Zermatt ● △
K 88 Monte Rosa ● △
K 89 Domodóssola ● △
K 90 Lago Maggiore – Lago di Varese ● △
K 91 Lago di Como – Lago di Lugano △
K 92 Chiavenna – Bergell/Val Bregaglia
K 93 Bernina – Sondrio ● △
K 94 Edolo – Aprica
K 96 Bormio – Livigno – Corna di Campo ● △
K 97 Omegna – Varallo – Lago d'Orta ●
K 100 Monti Lessini ●
K 101 Rovereto – Monte Pasubio
K 102 Lago di Garda – Monte Baldo ●
K 103 Le Tre Valli Bresciane △
K 104 Foppolo – Valle Seriana ● △
K 105 Lecco – Valle Brembana ● △
K 120 Europäischer Fernwanderweg E5 Teilstrecke Nord: Konstanz – Braunschweiger Hütte ●
K 121 Europäischer Fernwanderweg E5 Teilstrecke Süd: Braunschweiger Hütte – Giazza ●
K 134 Glantal – St. Veit
K 179 Pfaffenwinkel – Schongauer Land ● □
K 0179 Bad Kohlgrub 1:10.000/1:35.000 ●
K 180 Starnberger See/Ammersee ● □
K 0180 Radwanderkarte Fünfseenland ● □
K 181 Rosenheim – Bad Aibling ● □
K 182 Isarwinkel ● □
K 183 Freising – Erding – Markt Schwaben ● □
K 0184 Bad Wörishofen 1:20.000 ● □
K 186 Oberschwaben – Leutkirch ● □
K 187 Isny – Wangen ● □
K 188 Kaufbeuren – Ostallgäu ● □
K 189 Landsberg/Lech – Ammersee ● □
K 190 Augsburg – Dachau – Fürstenfeldbruck ● □
K 207 Wachau – Nibelungengau ● □
K 209 Wienerwald 1:35.000 ● □ ○
K 215 Neusiedler See ●
K 640 Nice – Monaco – San Remo ●
K 641 Alassio – Imperia ●
K 642 Savona – Varazze*
K 643 Genova – Rapallo – Sestri (Levante)*
K 644 Cinque Terre – La Spezia*

K 633 **KOMPASS-Auto- und Wanderatlas Südtirol – Dolomiten** 1:75.000 ●

KOMPASS-Wanderkartenprogramm Italien 1:50.000

Sondermaßstäbe siehe Titelverzeichnis

K 600 Colli Euganei – Abano Terme 1:14.000/1:30.000 ●
K 650 Isola d'Elba 1:30.000 ●
K 660 Firenze – Chianti ●
K 661 Siena e dintorni*
K 664 Gubbio – Fabriano ●
K 665 Assisi – Mte. Pennino – Camerino ●
K 666 Monti Sibillini ●
K 667 Monti della Laga*
K 668 Monti Reatini*
K 669 Gran Sasso d'Italia*
K 670 La Maiella*
K 680 Isola d'Ischia e Procida 1:10.000/1:15.000 ●
K 681 Isola di Capri 1:7.500 ●
K 682 Penisola Sorrentina ●
K 693 Isole Eolie o Lipari 1:25.000 ●